엑스포지멘터리 성경공부 시리즈

민수기

인도자용

민수기 1–36장

엑스포지멘터리 성경공부 시리즈

민수기 인도자용

민수기 1-36장

| 송병현 · 임우민 지음 |

EM Exposi Mentary

차례

민수기 엑스포지멘터리 성경공부 오리엔테이션
(60분 소요)

* 한 주의 성경공부는 60분을 기준으로 구성되어 있으나 그룹의 요구와 형편에 따라 조절하실 수 있습니다.

1. 찬양과 기도(5분)

다 함께 찬양할 수 있는 곡을 선곡하십시오.
세미나 모임을 위해 기도하십시오.

2. 자기소개(10분)

1) **서로 잘 아는 사이의 그룹일 경우** – 한 명씩 돌아가면서 소개하도록 하십시오. 본인의 성격을 동물이나 꽃에 비유해 소개하는 것도 자신의 특성을 잘 소개할 수 있는 방법입니다.
2) **서로 잘 모르는 사이의 그룹일 경우** – 두 명이 한 조를 이루어 서로의 '제일 잘하는 것 한가지'를 서로 나눕니다. 3분 정도 후 돌아가며 서로의 짝을 소개하는 시간을 갖습니다. 쑥스러운 분위기를 부드럽게 만드는 방법입니다.
   인도자가 먼저 자신을 소개하여 어떻게 하는지 본을 보입니다.

3. 학생용 책 나누어주기(5분)

인도자 지침서는 나누어주지 마십시오.

4. 엑스포지멘터리 성경공부에 대한 소개(2분)

엑스포지멘터리(EXPOSItory + commentary = Exposimentary, 해설주석)는 '해설, 설명'을 뜻하는 'expository'라는 단어와 '주석'을 뜻하

는 'commentary'를 합성한 단어입니다. 본문의 뜻과 저자의 의도와는 연관성이 없는 주제와 묵상으로 치우치기 쉬운 expository의 한계와 필요 이상으로 논쟁적이고 기술적일 수 있는 commentary의 한계를 극복하여 가르치는 사역에 도움을 주기 위한 새로운 장르입니다.

〈엑스포지멘터리 시리즈〉로 재구성한 '엑스포지멘터리 성경공부 시리즈'는 올바른 성경해석과 적절한 말씀적용을 핵심 목적으로 하는 평신도를 위한 성경공부 교재입니다.

5. 민수기 서론(20분)

* 학생용의 교재를 사용하며 같이 나눕니다.

1) 신학적 주제와 메시지
   ① 광야
   ② 약속의 땅
   ③ 하나님의 임재

2) 구조와 개요
   Ⅰ. 출애굽 1세대 이야기(1:1–25:18)
      1장 산뜻한 시작: 시내 산 출발 준비(1:1–10:10)
      2장 반역과 죽음(10:11–25:18)
   Ⅱ. 출애굽 2세대 이야기(26:1–36:13)
      1장 새로운 시작(26:1–30:16)
      2장 가나안을 향한 진군과 전쟁(31:1–36:13)

6. 이 책의 구성 및 사용 방법(5분)

1) 복습 – 예상소요시간 5분

– 복습은 지난주에 배운 말씀 중 가장 핵심적인 부분을 이해하고 있는지 확인하는 부분입니다.
– 지난주에 결단했던 '생활의 아로마'가 어떻게 진행되었고, 삶에 어

떤 변화를 가져왔는지 간단히 나눕니다.

2) 말씀 돋보기(관찰) - 예상소요시간 20분

- 말씀 돋보기는 숙제로 제시합니다.
- 말씀 돋보기는 Tip을 제시하고 있으며, Tip을 자세히 읽으면 스스로 답을 얻을 수 있습니다. 그러나 되도록 성경에서 답을 찾고 기록한 후, 그 문제를 이해했는지 Tip을 통해 확인하도록 하십시오.
- 모임 시 함께 풀어보며 문제들에 필요한 추가설명을 곁들이며 어려움이 없었는지 확인합니다.

3) 삶의 내비게이션(적용) - 예상소요시간 25분

- 삶의 내비게이션은 모임시간에 함께 나누는 부분입니다.
- 삶의 내비게이션은 과거, 현재, 미래형 질문으로 구성되어 있습니다.

4) 생활의 아로마(실천) - 예상소요시간 5분

- 생활의 아로마는 구체적인 실천과제를 학생 스스로 적고 실천하는 부분입니다.
- 생활의 아로마는 매주 모임에서 토론한 내용 중에서 각자의 상황과 결단에 맞추어 한 가지 정도의 구체적인 실천과제를 제시합니다. 다음 모임을 시작하면서 실천과제를 나눕니다.
- 나눔의 깊이는 성령님의 인도하심, 인도자의 지혜, 그리고 그룹 구성원의 서로에 대한 신뢰의 정도에 따라 차이를 보일 수 있습니다.
- 학생용 교재 뒷부분의 "**민수기** 말씀 공부를 통한 삶의 변화 일지"를 이용해 엑스포지멘터리 성경공부를 통해 갖게 된 삶의 변화 과정과 결과를 한눈에 볼 수 있게 하였습니다.

〈엑스포지멘터리 성경공부시리즈 구성〉

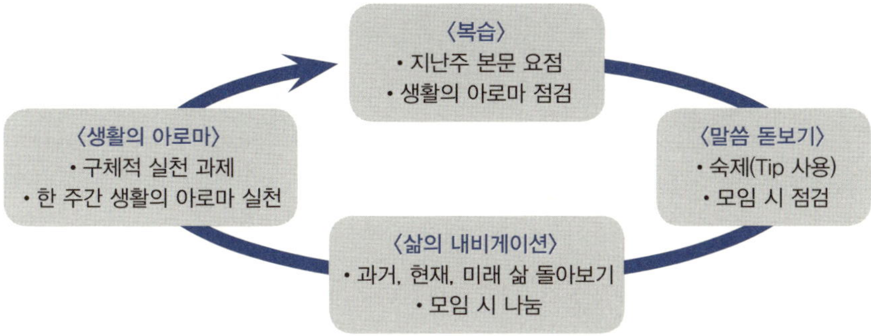

7. 서류 작성(5분)

신청서, 기도제목, 비밀 유지 서약서(교재 뒷부분)등을 작성합니다.
서로의 기도제목을 작성하고 인도자가 정리 후 나누어 주어, 매주 모임에서 함께 중보할 수 있도록 합니다.

8. 기대와 포부(5분)

성경공부 모임을 통해 기대하는 것을 구성원 중 두 명 정도만 이야기하도록 합니다.

9. 숙제와 실천과제(5분)

한 주간의 말씀 돋보기 부분을 숙제해 오도록 하십시오.
실천과제로 **민수기 1-36장**을 소리내어 두 번 읽어오도록 하십시오.

10. 기도

다 함께 이 성경공부 모임을 위해 기도하십시오.
다음 모임의 약속과 장소를 다시 한번 공지하십시오.

민수기 서론

민수기의 히브리어 이름은 '광야에서'라는 의미를 가진다. 오늘날 "민수기" 혹은 "Book of Numbers"(숫자들의 책)라고 불리게 된 것은 칠십인역(LXX)이 책의 이름을 "Numeri"(숫자들)로 명칭한 데서 유래한다. 민수기는 오경의 다른 책보다 숫자를 많이 언급하지만 하나님의 신실하심을 증언하는 책이기도 하다. 창조주 하나님이 한 인간에 불과한 아브라함에게 하신 약속을 수백 년 동안 잊지 않으시고, 가장 적절한 때 곧 하나님의 때에 이 약속을 지키신 것을 입증하는 책이다.

1. 저자와 저작 시기

전통적으로 민수기는 창세기, 출애굽기, 레위기, 신명기와 더불어 모세가 저작한 책으로 전해져 내려온다. 민수기 33:2의 "모세가 여호와의 명령대로 그 노정을 따라 그들이 행진한 것을 기록하였으니"라는 말씀도 이러한 결론을 뒷받침한다(cf. 출 17:14; 24:4; 34:27; 신 31:9, 22). 민수기에서 모세가 하나님께로부터 말씀을 받았다는 사실을 60여 차례나 기록하고 있는 점도 모세가 저자일 가능성을 유력하게 보여준다(1:1; 2:1; 3:1, 5, 11, 14, 40, 44; 4:1, 17, 21 등).

오경을 살펴보면 하나님이 모세에게 계속 말씀하실 뿐만 아니라(레 1:1; 4:1 등), 율법을 기록하라고 명령하시며(출 17:14; 34:27), 심지어 모세가 이미 기록된 책을 읽고 있는 모습도 보인다(출 24:7). 또한 한 세대가 지난 시대를 배경으로 하고 있는 여호수아서는 "모세의 율법책" 혹은 "모세를 통해 주신 율법"이란 말을 사용하고 있다(수 1:7–8; 8:31; 23:6). 그 외에도 "[모세의] 율법책"이란 말이 구약 성경에 자주 등장

한다(cf. 왕상 2:3; 왕하 18:6; 23:2; 스 6:18; 느 8:12, 17; 13:1; 대하 25:4). 신약에서 민수기를 포함한 오경이 모세의 작품이라고 증언하는 점도 보수적인 입장을 취하는 학자들에게 중요한 단서가 된다(cf. 눅 16:29; 24:27; 요 1:17; 5:46; 고후 3:15).

2. 역사적 정황

민수기는 이스라엘이 시내 산을 떠난 후 가나안 입성을 눈앞에 두게 될 때까지를 회고한다. 이스라엘의 40년 광야생활 중 39년 동안 일들이 이 책에 기록되어 있다. 그러므로 민수기는 출애굽기에서 신명기에 이르는 네 권의 책 중 가장 긴 기간의 이스라엘 역사를 정리하고 있는 책이다. 민수기에 기록된 일들을 바탕으로 이스라엘의 39년 광야생활을 요약하면 한마디로 '대실패'이다. 특히, 민수기에서 하나님에 대한 이스라엘의 불신은 돌이킬 수 없는 위험 수위에 도달하게 된다. 가나안 입성을 앞둔 이스라엘은 하나님의 명령에 따라 각 지파별로 한 명씩 대표를 뽑아 40일 동안 약속의 땅을 정탐했다(13장). 정탐꾼이 가지고 돌아온 포도 가지는 하나님의 말씀대로 가나안이 젖과 꿀이 흐르는 땅임을 증명했다. 그러나 정탐꾼은 땅은 비옥하지만, 문제는 그 땅에 사는 사람들이 막강해서 도저히 이스라엘이 상대할 만한 대상이 아니라고 주장했다. 정탐꾼들의 보고를 들은 백성들은 순식간에 하나님을 원망하며 모세를 돌로 치려 했다. 하나님의 분노는 극에 달했고, 모든 백성을 죽이겠다고 선언하셨다. 모세는 다시 하나님의 자비에 호소했고 결국 여호와께서는 한 번 더 참으셨다. 그러나 이스라엘은 혹독한 대가를 치러야 했다. 하나님은 이스라엘 백성 중 여호수아와 갈렙을 제외한 모든 성인이 광야에서 죽고, 한 사람도 가나안에 입성할 수 없을 것이라고 선언하셨다. 민수기는 하나님이 그들과 맺으신 언약을 파괴하지 않고 그들의 후손들과 이어가겠다는 의지를 보여주는 책이다. 그래서 책이 시작할 때 광야에서 죽어야 하는 출애굽 1세대들의 인구조사가 이루어지고, 책이 끝날 무렵에는 가나안 입성을 앞둔 출애굽 2세대들의 인구조사가 이루어진다. 거의 40년을 사이에 두고 진행된 두 인구조사의 결과는 비슷했다. 세대는 바뀌

어도 은혜로운 하나님의 언약은 계속 유효하다는 것을 보여주는 것이다. 이런 면에서 민수기는 인간의 죄에 개의치 않으시고 사람에게 자비를 베푸시는 하나님을 극적으로 묘사하는 책이다.

3. 다른 책들과의 관계

민수기가 갖는 중요성은 오경에서 이 책 앞에 등장하는 출애굽기와 레위기와의 연관성 속에서 확실하게 부각된다. 출애굽기-레위기-민수기는 12개의 '여행 기록'으로 구성되어 있는데, 이 기록들은 책의 구조를 이해하는 데 매우 중요한 단서를 제시하고 있다. 출애굽기는 이스라엘이 시내 산에 도착한 일을 기록한다(출 19:2). 민수기는 이스라엘이 약 1년 동안 시내 산에 거한 후에 떠나는 모습을 기록하고 있다(민 10:11). 출애굽기와 민수기 사이에 끼어 있는 레위기는 이스라엘이 이곳에 머물렀던 1년 동안 하나님이 모세를 통해 주신 율법과 이곳에서 있던 일들을 기록한다. 이런 차원에서 출애굽기와 민수기는 레위기를 감싸는 일종의 책받침대 역할을 하고 있다. 민수기는 출애굽기의 '속편'이며, 레위기는 이 전편과 속편 사이에 끼어 있는 법률문서이다.

민수기는 신약과도 연관이 있다. 바울은 민수기를 근거로 이스라엘이 광야에서 하나님께 반역하여 범죄한 일을 예로 들며, 성도들에게 불순종의 죄에 대해 강력하게 경고한다(롬 15:4; 고전 10:1-11). 히브리서 저자도 이스라엘의 광야생활 이야기를 통해 그리스도인을 권면한다(히 3:6-4:13). 신약 저자들에게 민수기는 단순히 옛적 이야기를 기록하고 있는 책이 아니라, 시공간을 초월해 언제든지 주의 백성에게 시사성 있는 메시지를 주는 정경인 것이다.

4. 신학적 주제와 메시지

광야

민수기는 39년의 광야생활을 배경으로 진행된다. 책이 시작될 때 이스라엘은 시내 광야에 있었으며(1:1), 책이 끝날 무렵에는 모압 광야/평지에 머물고 있다. 광야는 이스라엘이 노예 신분에서 약속의 땅의 주인으로 변화하는 과정의 전환점 역할을 하는 곳이다. 결코 이스라엘이 정착할 땅이 아니며, 잠시 머물 수밖에 없는 험하기 이를 데 없는 땅이다. 이곳은 하나님이 약속하신 안전하고 풍요로운 땅 바깥에 존재한다. 이스라엘은 이 전환점을 지나며 시험을 치렀다. 환경과 생활 여건이 매우 열악하여 생존이 위협받는 광야에서 하나님을 의지하며 살아갈 수 있는가에 대한 시험이었다. 약속의 땅에서도 여호와에 대한 신앙을 지키며 살 수 있을 것인가를 테스트해 보는 기간이었다.

약속의 땅

민수기에서 사람의 생존을 위협하는 광야와 대조를 이루는 것은 풍요로움과 평안이 있는 약속의 땅이다. 두 땅은 서로 근접해 있지만 완전히 다르다. 이스라엘은 약속의 땅의 풍요로움을 누리기 전에 위협과 위기의 땅을 지나야만 한다. 이스라엘은 지금 안식의 땅 가나안을 향해 가고 있다. 그러나 하나님을 불신한 출애굽 1세대는 그 땅에 들어갈 수 없게 되었고, 다행히 순종하는 출애굽 2세대들에게는 이 땅을 약속하신다. 민수기는 이스라엘 민족이 그 약속의 성취를 바라며 가나안을 향해 가는 동안의 일들을 기록한다.

하나님의 임재

하나님의 임재는 이스라엘이 언제든지 하나님과 교통할 수 있는 특권을 누리고 있음을 암시한다. 이는 근동의 종교적 개념과 정서에서 보면 파격적인 일이었다. 대부분 종교가 까다로운 절차와 예식에 따라 제사를 치른 후에야 겨우 신들에게 접근하거나 계시를 받을 수 있다고 가르쳤는데, 이스라엘은 언제든지 제한 없이 하나님을 만날 수 있었다. 하나님은 자신이 이스라엘과 함께한다는 사실을 물리적 현상으로도 보여주셨다. 이스라엘이 어디를 가든 앞세웠던 언약궤는 곧 하나님이 그들 중에 거하심을 상징했다. 또한 하나님의 임재는 낮에는 구름기둥으로, 밤에는 불기둥으로 이스라엘을 보호하고 위로하셨다.

5. 신학적 이슈

광야생활 38년에 대한 침묵

민수기는 이집트를 떠난 지 2년째 되던 해 2월 20일에 시내 산을 떠난 후(민 10:11), 가데스바네아에 도착해 약속의 땅에 정탐꾼을 보낸다. 그러나 백성들은 정탐꾼의 부정적인 보고에 동요해 하나님께 큰 죄를 저질렀다. 이러한 내용은 민수기 13-14장에 기록되어 있다.

세월이 지나 어느덧 출애굽 1세대들은 거의 모두 죽고 2세대들이 가나안에 입성하기 위해 모여 있다(20:1). 이때는 하나님의 이스라엘 구원사역이 이집트에서 시작된 지 40년째 되던 해 1월이며, 민수기가 가데스바네아 반역을 언급한 지 38년이 지난 시점이다. 책의 나머지 부분(20-36장)은 이스라엘이 광야에서 보낸 마지막 해의 일들을 정리하고 있다. 그렇다면 민수기는 출애굽 2년째와 40년째 해에 대부분 공간을 할애하고 있으며, 출애굽 3년째부터 39년째까지 38년 동안의 정보는 다른 때에 비해 매우 빈약하며 겨우 다섯 장(15-19장)에 기록하고 있을 뿐이다. 이러한 현상에 대해 비평학자들이 가만히 있을 리 만무하다. 수많은 학자들이 민수기의 이러한 현상을 저자/편집자가 이스라엘의 38년 광야생활에 대해 아는 바가 없기 때문이라는 문서설을 뒷받침하는 증거로 사용했다.

그러나 구약은 이스라엘 역사책이기에 앞서 하나님의 계시에 관한 책이다. 그러므로 민수기 저자가 이 시대에 대해 묘사하지 않는 것은 이때에 성경에 기록할 만한 것들(하나님의 계시)이 없었다는 것을 암시한다. 또한 이 기간의 정보가 부족해서가 아니라, 기록할 만한 특별한 일들이 없어서 기록하지 않았다는 사실이다. 이스라엘이 광야에서 38년 방황하는 동안 모세에게 보고된 일들이 무엇이었을지 상상해 보라. 전혀 새로울 것이 없다. 이스라엘은 그다지 넓지도 않은 광야에서 38년을 지냈다. 그러다 보니 거처를 자주 이동할 필요도 없었다. 따라서 남길 만한 여정 기록도 없었다. 결과적으로 저자가 이 시대 이스라엘의 삶과 여정에 대해 기록하고 싶어도 남길 만한 일들이 없었던 것이다.

인구수

민수기 연구에서 가장 뜨거운 논쟁을 불러일으키는 것은 출애굽 당시 이스라엘의 인구가 몇 명에 달했는가 하는 것이다. 민수기는 광야에서 시행된 인구조사 결과를 1장과 26장에 기록한다. 출애굽 1세대 중 전쟁에 투입될 수 있는 20세 이상 된 남자의 수는 60만 3,550명에 달했다(1:46). 이후 거의 40년이 지나 가나안에 입성할 준비를 하던 출애굽 2세대 중 20세 이상 성인 남자의 수는 60만 1,730명이었다(26:51). 이 장정의 수를 바탕으로 여자와 아이들을 포함한 전체 인구를 추정해 보면 최소한 250만 명 내지 300만 명에 달했을 것으로 추정한다. 문제는 이스라엘이 처한 여건과 당시 근동의 정황을 고려할 때 인구가 지나치게 많다는 것이다.

이스라엘의 인구문제에 대해 학자들은 다양한 해석을 내놓는다.
첫째, 성경이 필사를 통해 전수되는 과정에서 오류가 스며들었다.
둘째, 훗날 다윗 시대 때 본문에 삽입된 숫자들이다.
셋째, 숫자 단위로 사용된 용어를 다른 의미를 지닌 단어로 해석해야 한다.
– 히브리어 1,000을 뜻하는 단어 – '수많은', 혹은 '군대/부대'를 의미
넷째, 논쟁의 핵심이 되는 히브리어 단어가 두 가지 의미를 지니고 사용되고 있다.
– 히브리어 1,000을 뜻하는 단어 – '무장한 사람'이라는 의미로 사용
다섯째, 숫자들의 상징적 의미이다.
– 히브리어 알파벳을 숫자로 바꾸어 의미를 찾는 게마트리아 접근법
여섯째, 이 숫자들을 과장법으로 간주하는 것이다.
– 민수기에 기록된 이스라엘의 인구수는 실제 숫자를 10으로 곱한 것이라고 주장

우리는 당시 정황과 여건들을 고려할 때 민수기가 기록하고 있는 이스라엘의 군인 수와 각 지파별 인구수가 지나치게 많다는 것을 인정해야 한다. 그러나 이러한 상황을 납득하노록 설명하는 학설이나 세안은 아직까지 없다. 그러므로 비록 민수기에 기록된 숫자가 어느 정도 과장된 것으

로 보이지만, 아직까지는 문자적으로 받아들이는 것이 좋을 듯하다. 이집트를 탈출한 이스라엘의 군대는 60만 명, 총 인구는 200만명 정도 된 것으로 간주하는 것이다. 이스라엘은 하나님의 특별한 축복을 경험하면서 매우 큰 민족으로 성장해 있었다.

6. 통일성과 구조

Ⅰ. 출애굽 1세대 이야기(1:1–25:18)

1장 산뜻한 시작: 시내 산 출발 준비(1:1–10:10)

1. 병력 조사(1:1–54)
2. 지파별 진과 행진 순서(2:1–34)
3. 레위 지파의 수와 의무(3:1–4:49)
4. 정결한 공동체에 관한 규례(5:1–6:27)
5. 장막과 절기(7:1–10:10)

2장 반역과 죽음(10:11–25:18)

1. 시내 산 출발(10:11–36)
2. 반역 시리즈 1(11:1–14:45)
3. 충성과 불충에 대한 규례와 이야기(15:1–41)
4. 반역 시리즈 2(16:1–18:32)
5. 시체오염에 관한 규례(19:1–22)
6. 반역 시리즈 3(20:1–25:19)

Ⅱ. 출애굽 2세대 이야기(26:1–36:13)

1장 새로운 시작(26:1–30:16)

1. 인구조사(26:1–65)
2. 세대교체(27:1–23)
3. 제물과 거룩한 날들(28:1–29:40)
4. 서원에 관한 규례(30:1–16)

2장 가나안을 향한 진군과 전쟁(31:1-36:13)

1. 미디안 전쟁(31:1-54)
2. 요단 강 동편 땅 분배(32:1-42)
3. 이스라엘의 광야 여정 요약(33:1-49)
4. 가나안 정복 전략과 땅 분배(33:50-35:34)
5. 땅 유산에 대한 규례(36:1-13)

제1주 출발 준비 – 세어보기

민수기 1:1–19

학습목표

1. 하나님이 일을 효율적으로 진행하신다는 것을 알 수 있다.
2. 정체되는 것이 결코 나쁜 것만은 아니라는 사실을 알 수 있다.

KEYWORD **정체, 출발, 효율성**

Ⅰ. 찬양과 기도

Ⅱ. 복습문제 풀이

복습

1 민수기의 신학적 메시지는 무엇인가?

광야, 약속의 땅, 하나님의 임재

Ⅲ. 말씀 민수기 1:1–19을 다 함께 읽는다

1:1 이스라엘 자손이 애굽 땅에서 나온 후 둘째 해 둘째 달 첫째 날에 여호와께서 시
내 광야 회막에서 모세에게 말씀하여 이르시되 2 너희는 이스라엘 자손의 모든 회중
각 남자의 수를 그들의 종족과 조상의 가문에 따라 그 명수대로 계수할지니 3 이스라
엘 중 이십 세 이상으로 싸움에 나갈 만한 모든 자를 너와 아론은 그 진영별로 계수하

되 4 각 지파의 각 조상의 가문의 우두머리 한 사람씩을 너희와 함께 하게 하라 5 너희
와 함께 설 사람들의 이름은 이러하니 르우벤 지파에서는 스데울의 아들 엘리술이요 6
시므온 지파에서는 수리삿대의 아들 슬루미엘이요 7 유다 지파에서는 암미나답의 아
들 나손이요 8 잇사갈 지파에서는 수알의 아들 느다넬이요 9 스불론 지파에서는 헬론
의 아들 엘리압이요 10 요셉의 자손들 중 에브라임 지파에서는 암미훗의 아들 엘리사
마요 므낫세 지파에서는 브다술의 아들 가말리엘이요 11 베냐민 지파에서는 기드오니
의 아들 아비단이요 12 단 지파에서는 암미삿대의 아들 아히에셀이요 13 아셀 지파에
서는 오그란의 아들 바기엘이요 14 갓 지파에서는 드우엘의 아들 엘리아삽이요 15 납
달리 지파에서는 에난의 아들 아히라이니라 하시니 16 그들은 회중에서 부름을 받은
자요 그 조상 지파의 지휘관으로서 이스라엘 종족들의 우두머리라 17 모세와 아론이
지명된 이 사람들을 데리고 18 둘째 달 첫째 날에 온 회중을 모으니 그들이 각 종족과
조상의 가문에 따라 이십 세 이상인 남자의 이름을 자기 계통별로 신고하매 19 여호와
께서 모세에게 명령하신 대로 그가 시내 광야에서 그들을 계수하였더라

Ⅳ. 관찰 문제의 바른 답

말씀 돋보기(관찰)

1 이스라엘이 시내 산에서 1년간 머무르면서 정체되었던 시기가 시사하는 바는 무엇인가?(민 1:1)

이스라엘이 하나님께 율법을 받는 기간으로 관계를 정립하는 시간이었다.

Tip 이스라엘이 이집트를 떠난 이듬해 둘째 달 초하루, 즉 출애굽 한 지 14개월 되는 해에 민수기의 여정이 시작된다. 이스라엘 백성들이 시내 산에서 율법을 받는데 1년을 소요했다. 이 기간은 하나님과 이스라엘 백성과의 관계를 정립하는 기간이었다. 하나님을 신랑으로, 이스라엘을 신부로 비유한 신혼생활 기간으로 볼 수 있다. 관계에는 책임과 의무가 동반한다. 하나님과 이스라엘도 이 기간 동안 책임과 의무, 특권 등의 관계를 정립했다.

〈이스라엘의 달력과 시기〉

종교달력	일반달력	이름	오늘날 달력	농사	날씨	특별한 날
1	7	Nisan	3–4월	보리 추수	늦은 비 (Malqosh) 우기	14 유월절 21 첫 수확 절기
2	8	Iyyar	4–5월	전반적 추수		
3	9	Sivean	5–6월	밀 추수, 포도나무 가꿈	건기	
4	10	Tammuz	6–7월	첫 포도		
5	11	Ab	7–8월	포도, 무화과, 올리브		9 성전 파괴
6	12	Elu;l	8–9월	포도주		
7	1	Tishri	9–10월	밭갈이		1 신년 10 속죄일 15–21 초막절
8	2	Marchesvan	10–11월	씨앗 파종	이른 비 (Yoreh) 우기	
9	3	Kislev	11–12월			25 수전절
10	4	Tebet	12–1월	봄철 성장		
11	5	Shebat	1–2월	겨울 무화과		
12	6	Adar	2–3월	아마 수확		13–14 부림절
		Adar Sheni	윤달			

2 인구조사의 목적으로 모든 이스라엘이 자신이 속한 지파와 집안에 대한 정체성을 확고히 하기 위해 하나님이 사용하신 방법은 무엇인가?(민 1:2–4)

인구조사를 할 때 종족과 조상의 가문에 따라 조사하게 하셨다.

Tip 고대 근동 사회에서 인구조사는 군인으로 소집할 수 있는 사람들의 수를 파악하거나 세금으로 거두어들일 수 있는 금액을 계산하기 위해 진행했다. 하나님은 모세에게 다음과 같은 목적을 두고 이스라엘 인구를 조사하라고 하신다.

1) 하나님이 아브라함의 자손을 "하늘의 별처럼 많게 하실 것"이라는 약속을 얼마나 잘 지키셨는가를 드러내기 위해

2) 모든 이스라엘 사람들로 하여금 자신이 속한 지파와 집안에 대한 정체성을 확고히 하기 위해
3) 가나안을 향해 행군할 때 어떤 대열을 형성할 것인가를 지시하기 위해
4) 물과 식량이 없는 광야에서도 함께하시는 하나님의 신실하심을 보여 주기 위해

3 인구조사 대상은 누구인가?(민 1:3)

20세 이상의 성인 남자

Tip 모세는 남자들 중 20세가 넘어 입대할 수 있는 모든 사람의 수를 세어야 한다. 군인이 될 수 있는 최소 나이는 20세로 정해져 있지만, 최대 나이는 제한이 없다. 반면 레위 사람들은 50세에 사역에서 은퇴해야 한다(8:24-26). 아마도 가나안 입성을 위한 전쟁에 민족의 생사가 달려 있기에 아무리 나이가 많아도 전쟁에 참여할 수 있는 신체적 조건을 갖추었다면 참여시키는 것이 하나님의 계획이었던 것 같다. 모세는 80세가 훨씬 넘어서도 전쟁을 지휘했다. 기록에 의하면 스파르타는 20세가 되어야 군에 동원되었으며, 아테네는 18세, 로마는 17세가 되면 입대할 수 있었다.

4 하나님이 선택하신 모세를 도울 도우미들은 어떤 사람들인가?(민 1:16)

각 지파의 지도자들 12명

Tip 하나님은 모세에게 인구조사를 실행하기 위해 각 지파의 지도자에게 도움을 요청할 것을 지시할 뿐만 아니라 구체적인 이름을 거론하면서 누구에게 도움을 청할 것인가도 알려 주신다. 하나님은 이미 모세를 도울 사람들을 준비해 두셨다가 적절한 시기가 되자 모세에게 보내 돕게 하신다. 이들은 또한 자신이 속한 지파 사람들에 의해 '지도자'로 추대된 자들이다(16절). 이 단어는 '족장/두목'이라는 뜻을 지니고 있다. 각 지파별로 여러 족장이 있던 것을 감안할 때 이들은 족장들의 우두머리이며, 각 지파 군대의 지휘관이었을 것으로 생각된다.

5 인구조사는 어떻게 마쳤는가?(민 1:18-19)

a) 각 종족과 조상의 가문에 따라 20세 이상의 남자를 신고

b) 하나님이 모세에게 명령하신 대로 진행

Tip 하나님의 명령을 받은 모세는 도우미들과 함께 초하루 예배를 위해 성막에 모여든 사람들의 수를 각 지파별로 세기 시작한다. 이 같은 인구조사는 성경 다른 곳에도 기록되어 있다(cf. 삼하 24:1-9; 대하 14:7). 민수기 1장에 기록된 조사 결과처럼 다윗의 인구조사도 약 60만 명의 장정들을 병적에 올릴 수 있었다. 다윗이 인구조사를 시행한 기간은 9개월인(삼하 24:8) 반면, 이곳에서는 20일도 걸리지 않는다. 그것은 다윗은 인구 조사원들을 각 지역과 마을을 찾아다니면서 조사하게 했고, 이곳에서는 각 지파별로 자체 조사를 해 보고하도록 했기 때문이다.

인구조사 결과는 모세가 하나님의 지시에 따라 12도우미와 함께 조사했다. 이것은 모세와 온 이스라엘 공동체가 하나님 말씀에 철저하게 순종하고 있음을 강조하고 있다.

V. 적용과 나눔

삶의 내비게이션(적용)

1 이스라엘은 하나님과 시내 산에서 1년을 머물면서 관계를 정립하는 시간을 갖는다. 이스라엘 입장에서는 정체된 것 같은 1년이었지만, 결국은 관계를 정립하는 좋은 시간이었다. 당신이 하나님과 관계를 정립하기에 좋은 시간은 언제였는가?

관찰문제 1번 참고. 시내 산에서의 1년은 하나님과 이스라엘이 언약을 맺고 부부로서 관계를 정립하는 시간이었다. 좋은 일은 시간이 걸려서 결과가 나타난다. 안 좋은 일은 갑자기 일어나기도 하지만 좋은 일은 오랜 기간 정성을 들여 애쓴 만큼의 결과를 보는 것이다. 그러므로 당장 해결하기 어렵다. 1년간 율법을 받으면서 이스라엘은 언제 움직이고 무엇을 해야 하는지 하나님께 지시를

받았다. 각자가 하나님과의 관계를 정립하는 시기는 언제였는지 이야기를 나누어 보도록 한다. 대체로 그 시기는 바쁘고, 잘나갈 때보다는 이스라엘이 시내산에서 1년을 머무른 것처럼 무언가 정체된 것 같고, 다른 사람은 다 잘되는데 자신만 그 자리인 것 같은 시절일 수도 있다. 돌아보니 그 시간이 나에게 어떤 유익을 주었는지 서로 말해 보도록 한다. 만일 구성원이 어리고 아직 하나님과의 관계를 정립하지 못했다면, 관계 정립을 위해 필요한 것은 무엇이라고 생각하는지 이야기를 나누어 본다.

2 하나님은 모든 지파에서 골고루 동일한 수의 지도자들을 지명해 이스라엘 공동체 모두를 참여시키고 일을 분담시키신다. 이것은 이스라엘 공동체에서 어느 지파도 소외되어서는 안 된다는 하나님의 의지의 표현이다. 당신은 일을 계획하고 진행할 때 어떻게 분담하고, 모두를 참여시키고 있는가?

관찰문제 4번 참고. 하나님은 모세를 도울 12도우미의 이름을 각각 지목하신다. 인구조사 실행을 위해 각 지파의 지도자에게 도움을 요청할 것을 지시할 뿐만 아니라 구체적인 이름을 거론하면서 누구에게 도움을 청할 것인가도 알려 주신다. 이 족장들은 분명 사람들이 추대한 자들이지만 동시에 하나님이 지도자로 세운 자들이었다. 이것이 하나님의 사역 방법이다. 하나님은 모든 일을 주관하셔서 자신이 원하는 자들이 세움을 받도록 하신다. 그러므로 하나님의 일을 하기 위한 성도들 간의 만남도 결코 우연이 아니다. 하나님이 미리 준비하셨다가 적절한 시기에 만나게 하시는 결과이다. 각자 일을 계획하고 진행할 때 어떤 방법으로 하는지 이야기를 나누어 본다. 좋아하는 사람, 잘 통하는 사람, 끼리끼리 일을 진행할 수도 있다. 모두의 참여를 위해 어떤 방법을 사용하는지도 이야기를 나누어 본다. 또는 어떻게 하니까 참여하고 싶었다는 이야기를 통해서 역으로 참여시킬 수도 있다. 혼자 하는 것보다 같이 하는 것이 좋았던 경험을 통해서 참여를 유도할 수도 있다. 공동체 구성원이라면 할 수 있는 영역에서 최선을 다해 섬기는 것이 중요하다. 일을 분담하고 다 함께 참여하고, 소외되는 사람이 없도록 하기 위한 방법에 대해 이야기를 나누어 본다.

3 군인이 될 수 있는 최소 나이는 정해져 있지만 최대 나이는 제한이 없다. 반면 레위 사람은 나이에 제한을 둔다. 직분은 내려놓을 때가 있지만, 하나님의 일을 하는 것에는 은퇴가 없다. 당신은 미래에 직분은 퇴직하더라도 어떤 하나님의 일을 하고 싶은가?

관찰문제 3번 참고. 각자가 은퇴하고, 교회의 직분을 내려놓고, 하고 싶은 하나님의 일에 대해 이야기를 나누어 본다.

예) 노년에는 선교지에서 봉사하고 싶다.

하나님을 찬양하는 사역을 시작하겠다. - 악기를 새롭게 배운다.

젊었을 때는 바빠서 전도/교회청소를 한번도 못했는데 전도/교회청소를 하겠다.

과거를 회상하면서 미래를 계획하는 시간을 갖도록 한다. 특히 하나님과 관련되어서 하나님의 일에 대해 묵상하는 시간을 갖도록 한다.

Ⅵ. 마무리

기도로 마무리한다.
제2주 관찰문제를 예습해 오도록 한다.
실천과제를 제시한다.

생활의 아로마(실천)

예 1) 주변에 정체되고 있는 사람에게 위로의 글, 전화, 문자를 보내도록 한다.

— 취업 준비생, 병원 장기입원자, 사업이 어려운 자 등

제2주 대열 정비 – 순서대로

민수기 2:1–34

학습목표

1. 하나님의 백성은 하나님의 명령에 순종해야 한다.
2. 모든 일은 하나님의 기준대로 진행되어야 한다.

KEYWORD **대열, 하나님의 기준, 위치**

Ⅰ. 찬양과 기도

Ⅱ. 지난주 실천 과제 나눔

Ⅲ. 복습문제 풀이

복습

1 인구조사의 목적으로 모든 이스라엘 사람들이 자신이 속한 지파와 집안에 대한 정체성을 확고히 하기 위해서 하나님이 사용하신 방법은 무엇인가?(민 1:2–4)

인구조사를 할 때 종족과 조상의 가문에 따라 조사하게 하셨다.

Ⅳ. 말씀 민수기 2:1-34을 다 함께 읽는다

2:1 여호와께서 모세와 아론에게 말씀하여 이르시되 2 이스라엘 자손은 각각 자기의 진
영의 군기와 자기의 조상의 가문의 기호 곁에 진을 치되 회막을 향하여 사방으로 치
라 3 동방 해 돋는 쪽에 진 칠 자는 그 진영별로유다의 진영의 군기에 속한 자라 유다
자손의 지휘관은 암미나답의 아들 나손이요 4 그의 군대로 계수된 자가 칠만 사천육
백 명이며 5 그 곁에 진 칠 자는 잇사갈 지파라 잇사갈 자손의 지휘관은 수알의 아들
느다넬이요 6 그의 군대로 계수된 자가 오만 사천사백 명이라 7 그리고 스불론 지파라
스불론 자손의 지휘관은 헬론의 아들 엘리압이요 8 그의 군대로 계수된 자가 오만 칠
천사백 명이니 9 유다 진영에 속한 군대로 계수된 군인의 총계는 십팔만 육천사백 명
이라 그들은 제일대로 행진할지니라 10 남쪽에는 르우벤 군대 진영의 군기가 있을 것
이라 르우벤 자손의 지휘관은 스데울의 아들 엘리술이요 11 그의 군대로 계수된 자가
사만 육천오백 명이며 12 그 곁에 진 칠 자는 시므온 지파라 시므온 자손의 지휘관은
수리삿대의 아들 슬루미엘이요 13 그의 군대로 계수된 자가 오만 구천삼백 명이며 14
또 갓 지파라 갓 자손의 지휘관은 르우엘의 아들 엘리아삽이요 15 그의 군대로 계수된
자가 사만 오천육백오십 명이니 16 르우벤 진영에 속하여 계수된 군인의 총계는 십오
만 천사백오십 명이라 그들은 제이대로 행진할지니라 17 그 다음에 회막이레위인의 진
영과 함께 모든 진영의 중앙에 있어 행진하되 그들의 진 친 순서대로 각 사람은 자기
의 위치에서 자기들의 기를 따라 앞으로 행진할지니라 18 서쪽에는 에브라임의 군대
의 진영의 군기가 있을 것이라 에브라임 자손의 지휘관은 암미훗의 아들 엘리사마요
19 그의 군대로 계수된 자가 사만 오백 명이며 20 그 곁에는 므낫세 지파가 있을 것이
라 므낫세 자손의 지휘관은 브다술의 아들 가말리엘이요 21 그의 군대로 계수된 자가
삼만 이천이백 명이며 22 또 베냐민 지파라 베냐민 자손의 지휘관은 기드오니의 아들
아비단이요 23 그의 군대로 계수된 자가 삼만 오천사백 명이니 24 에브라임 진영에 속
하여 계수된 군인의 총계는 십만 팔천백 명이라 그들은 제삼대로 행진할지니라 25 북
쪽에는 단 군대 진영의 군기가 있을 것이라 단 자손의 지휘관은 암미삿대의 아들 아히
에셀이요 26 그의 군대로 계수된 자가 육만 이천칠백 명이며 27 그 곁에 진 칠 자는 아
셀 지파라 아셀자손의 지휘관은 오그란의 아들 바기엘이요 28 그의 군대로 계수된 자
가 사만 천오백 명이며 29 또 납달리 지파라 납달리 자손의 지휘관은 에난의 아들 아
히라요 30 그의 군대로 계수된 자가 오만 삼천사백 명이니 31 단의 진영에 속하여 계수

함을 받은 군인의 총계는 십오만 칠천육백 명이라 그들은 기를 따라 후대로 행진할지
니라 하시니라 32 이상은 이스라엘 자손이 그들의 조상의 가문을 따라 계수된 자니 모
든 진영의 군인 곧 계수된 자의 총계는 육십만 삼천오백오십 명이며 33 레위인은 이스
라엘 자손과 함께 계수되지 아니하였으니 여호와께서 모세에게 명령하심과 같았느니
라 34 이스라엘 자손이 여호와께서 모세에게 명령하신 대로 다 준행하여 각기 종족과
조상의 가문에 따르며 자기들의 기를 따라 진 치기도 하며 행진하기도 하였더라

V. 관찰 문제의 바른 답

말씀 돋보기(관찰)

1 이스라엘 자손들은 어떻게 진을 쳤는가?(민 2:2)

성막을 중심으로 지파별로 사방에 진을 쳤다.

Tip

이스라엘은 성막을 중심으로 진을 쳐야 한다(2절). 진을 칠 때 각 지파는 자신들의 영역임을 알리기 위해 지파의 "군기"와 종족의 "기호"를 세워야 한다. "군기"는 일종의 깃발을 뜻하는 단어로 이스라엘 12지파를 구분하기 위해 사용했다.

* '군기'와 '기호' - 깃발은 지파별로 독특한 색깔 - 대제사장의 흉패에 있던 12보석의 색깔

유태인 전승에 의하면 깃발 그림은 다음과 같은 상징성이 있다.

유다 지파는 사자, 르우벤 지파는 사람, 에브라임 지파는 황소, 단 지파는 독수리를 의미한다.

2 각 지파별로 진을 치는 위치와 행진할 때의 순서는 어떠한가?(민 2:3-31)

동: 유다 그룹(2:1-9) - 유다, 잇사갈, 스불론

남: 르우벤 그룹(2:10-16) - 르우벤, 시므온, 갓

서: 에브라임 그룹(2:18-24) - 에브라임, 므낫세, 베냐민

북: 단 그룹(2:25–31) - 단, 아셀, 납달리

행진 순서: 유다 그룹 - 르우벤 그룹 - 레위 사람들 – 에브라임 그룹 - 단 그룹

Tip 성막을 중심으로 네 그룹으로 구성된 이스라엘이 진을 쳤을 때 각 그룹의 위치는 다음과 같다. 성막을 중앙에 두고 레위 사람들의 진이 이스라엘 지파들과 성막 사이에 완충지대가 된다.

행군할 때 각 그룹의 위치는 다음과 같다.

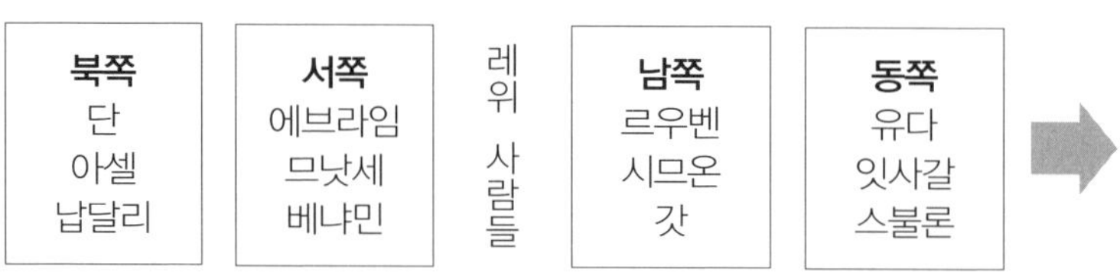

3 레위 지파의 행진 위치는 어디이며, 그것이 의미하는 바는 무엇인가?(민 2:17)

중앙에 위치
각 그룹의 진과 성막 사이에 위치해 성막을 오염으로부터 보호하며, 동시에 이스라엘을 하나님의 진노에서 보호

Tip 이스라엘이 진을 치면 레위 지파는 넷으로 나뉜 12지파의 각 그룹의 진과 성막 사이에 위치하여 성막을 오염으로부터 보호하며, 동시에 이스라엘을 하나님의 진노에서 보호한다. 일종의 완충지대를 형성하는 것이다. 행군할 때는 유다 그룹과 르우벤 그룹의 뒤를 따라 행렬의 한 중앙에 위치한다. 물론 성막과 모든 도구들을 운반하면서 행진한다.

4 하나님이 정해준 순서와 위치에 따라 행진할 이스라엘 병사의 수는 모두 몇 명인가?(민 2:32)
60만 3,550명

Tip 하나님이 정해 주신 자리에 진을 치고, 하나님이 정해 주신 순서와 위치에 따라 행진하게 될 이스라엘 병사의 수는 총 60만 3,550명이었다. 여자들과 20세 이하의 아이들을 고려하면 200만 명이나 되는 대단한 규모의 민족이었다. 하나님이 창세기 15장에서 아브라함에게 "너의 자손이 하늘의 별과 같이 많게 될 것이다"라고 약속한 축복은 야곱의 후손이 이집트에서 종살이하는 동안 성취되었다.

5 이스라엘 자손들은 행진할 때 왜 모세의 명령대로 해야 하는가?(민 2:33-34)
하나님의 방식과 요구에 절대적으로 순종해야 하므로

Tip 2장 마지막 절에서 성경은 이 모든 일에서 이스라엘은 하나님이 모세를 통해 명령하신 것을 다 지켰다고 한다. 1장 마지막 절(1:54)과 동일한 내용이다. 이스라엘이 하나님 말씀에 절대적으로 순종하는 것을 강조하고 있다. 이스라엘에게 강한 순종의 의지가 있었기에 하나님이 시내 산을 떠날 준비를 시켰을 것이고, 더불어 모든 것이 신속하고 정확하게 진행

되는 것은 모세의 리더십과 행정력이 훌륭했음을 암시한다.

V. 적용과 나눔

삶의 내비게이션(적용)

1 이스라엘은 하나님 명령에 절대적인 순종을 보여주고 있다. 당신이 어렸을 때나 현재에도 집에서 반드시 지켜야 하는 규칙은 무엇인가?

관찰문제 5번 참고. 이스라엘은 진을 치는 위치나 행진할 때의 순서를 하나님 명령 그대로 순종하고 있다. 성경은 우리에게 하나님 말씀대로 순종하길 요구한다. 우리도 가정마다 이것만은 반드시 지켜야 하는 규칙이 있을 것이다.

예) 아침 식사는 모두 모여서 한다.

아침마다 가정예배를 드린다.

귀가시간 전에 반드시 귀가한다.

식사 전에는 반드시 손을 씻어야 한다.

식사시간에 아버지가 먼저 숟가락을 들어야 식사를 할 수 있다.

각자 집안에서 반드시 지켜야 하는 규칙에 대해 이야기를 나누어 본다. 그 규칙이 생기게 된 이유나 규칙으로 인해 좋았던 점, 나빴던 점에 대해 이야기해 보도록 한다.

2 단 지파 그룹은 가장 열등한 아들들의 결집이지만 하나님은 유다 지파와 함께 가장 중요한 역할을 맡기신다. 당신은 부족하다고 느끼는데도 하나님이 맡기신 일은 무엇이 있는가?

관찰문제 2번 참고. 단 그룹은 라헬의 몸종 빌하의 아들 단, 레아의 몸종 실바의 둘째 아들 아셀, 빌하의 둘째 아들 납달리로 구성된 열등한 아들들의 모임이다. 이 그룹의 지위는 모든 그룹 중에서 가장 낮은 그룹이다. 행진할 때 네 그룹의 마지막 자리를 차지하며 뒤쪽에서 오는 공격을 차단하는 중요한 역할을 맡았다. 그러므로 어디에 속했느냐가 중요한 것이 아니라 어떻게 무엇을 하는가가 중요하다. 각자가 부족하다고 느끼는데도 하나님이 맡기신 일은 무엇이 있는가 말해 보도록 한다. 교회에서 교사, 성가대원, 구역장으로서 부족하다고 느끼는데 맡겨주시는 경우가 있다. 부족하지만 맡겨주신 일을 어떻게 신실하게 감당하고 있는지 서로 이야기를 나누어 보도록 한다.

3 균형과 질서에 따라 진행되는 이스라엘 12지파의 진과 행렬의 모습은 마치 창세기 1장의 모습을 보는 듯하다. 당신 삶의 균형과 역할을 위해 실천해야 하는 것은 무엇이 있는가?

관찰문제 2번 참고. 하나님은 창세기에서부터 균형을 중요시하셨다. 이스라엘의 진의 위치와 행렬도 마음대로 무작정 가나안으로 가는 것이 아니라, 그 위치를 정해 주신다. 각자의 삶에서도 균형과 질서에 따라 움직이는 것은 무엇이 있는가 이야기를 나누어 본다.

예) 영적인 균형을 위해 기도와 예배를 드린다.
신체적인 균형을 위해 규칙적인 운동을 한다.
인지적인 능력을 위해 성경공부를 한다.
사회적인 균형을 위해 직장, 가족, 주변의 지인들과 좋은 관계(화 다스리기, 말 절제하기, 뒷담화보다 칭찬해주기 등)를 유지한다.

분야별로 이야기를 나누어도 좋고, 위의 네 가지 중에 균형을 위해 더 실천해야 하는 것은 어떤 분야인가 이야기를 나누어 보는 것도 좋다.

Ⅵ. 마무리

기도로 마무리한다.
제3주 관찰문제를 예습해 오도록 한다.
실천과제를 제시한다.

생활의 아로마(실천)

예 1) 일주일 동안 한쪽으로 치우쳐진 균형을 바로 잡도록 한다.
– 가장 소홀히 했던 한 분야를 찾아 균형을 유지하도록 한다.

제3주 나실인 – 구별된 자

민수기 6:1–21

학습목표

1. 누구나 나실인이 될 수 있다는 사실을 알 수 있다.
2. 나실인으로 구별된다는 것은 하나님과 특별한 교제를 누린다는 의미이다.

KEYWORD **나실인, 구별, 성결**

Ⅰ. 찬양과 기도

Ⅱ. 지난주 실천 과제 나눔

Ⅲ. 복습문제 풀이

복습

1 이스라엘 자손들은 어떻게 진을 쳤는가?(민 2:2)

지파별로 성막을 중심으로 사방에 진을 친다.

2 이스라엘 자손들은 행진할 때 왜 모세의 명령대로 해야 하는가?(민 2:33–34)

하나님의 방식과 요구에 절대적으로 순종해야 하므로

Ⅳ. 말씀 민수기 6:1-21을 다 함께 읽는다

6:1 여호와께서 모세에게 말씀하여 이르시되 2 이스라엘 자손에게 전하여 그들에게 이
르라 남자나 여자가 특별한 서원 곧 나실인의 서원을 하고 자기 몸을 구별하여 여호
와께 드리려고 하면 3 포도주와 독주를 멀리하며 포도주로 된 초나 독주로 된 초를 마
시지 말며 포도즙도 마시지 말며 생포도나 건포도도 먹지 말지니 4 자기 몸을 구별하
는 모든 날 동안에는 포도나무 소산은 씨나 껍질이라도 먹지 말지며 5 그 서원을 하고
구별하는 모든 날 동안은 삭도를 절대로 그의 머리에 대지 말 것이라 자기 몸을 구별
하여 여호와께 드리는 날이 차기까지 그는 거룩한즉 그의 머리털을 길게 자라게 할 것
이며 6 자기의 몸을 구별하여 여호와께 드리는 모든 날 동안은 시체를 가까이 하지 말
것이요 7 그의 부모 형제 자매가 죽은 때에라도 그로 말미암아 몸을 더럽히지 말 것
이니 이는 자기의 몸을 구별하여 하나님께 드리는 표가 그의 머리에 있음이라 8 자기
의 몸을 구별하는 모든 날 동안 그는 여호와께 거룩한 자니라 9 누가 갑자기 그 곁에
서 죽어서 스스로 구별한 자의 머리를 더럽히면 그의 몸을 정결하게 하는 날에 머리를
밀 것이니 곧 일곱째 날에 밀 것이며 10 여덟째 날에 산비둘기 두 마리나 집비둘기 새
끼 두 마리를 가지고 회막 문에 와서 제사장에게 줄 것이요 11 제사장은 그 하나를 속
죄제물로, 하나를 번제물로 드려서 그의 시체로 말미암아 얻은 죄를 속하고 또 그는
그 날에 그의 머리를 성결하게 할 것이며 12 자기 몸을 구별하여 여호와께 드릴 날을
새로 정하고 일 년 된 숫양을 가져다가 속건제물로 드릴지니라 자기의 몸을 구별한 때
에 그의 몸을 더럽혔은즉 지나간 기간은 무효니라 13 나실인의 법은 이러하니라 자기
의 몸을 구별한 날이 차면 그 사람을 회막 문으로 데리고 갈 것이요 14 그는 여호와께
헌물을 드리되 번제물로 일 년 된 흠 없는 숫양 한 마리와 속죄제물로 일 년 된 흠 없
는 어린 암양 한 마리와 화목제물로 흠 없는 숫양 한 마리와 15 무교병 한 광주리와 고
운 가루에 기름 섞은 과자들과 기름 바른 무교전병들과 그 소제물과전제물을 드릴 것
이요 16 제사장은 그것들을 여호와 앞에 가져다가 속죄제와번제를 드리고 17 화목제물
로 숫양에 무교병 한 광주리를 아울러 여호와께 드리고 그 소제와 전제를 드릴 것이요
18 자기의 몸을 구별한 나실인은회막 문에서 자기의 머리털을 밀고 그것을 화목제물
밑에 있는 불에 둘지며 19 자기의 몸을 구별한 나실인이 그의 머리 털을 민 후에 제사
장이 삶은 숫양의 어깨와 광주리 가운데 무교병 하나와 무교전병 하나를 취하여 나실
인의 두 손에 두고 20 여호와 앞에 요제로 흔들 것이며 그것과 흔든 가슴과 받들어올

린 넓적다리는 성물이라 다 제사장에게 돌릴 것이니라 그 후에는 나실인이 포도주를 마실 수 있느니라 21 이는 곧 서원한 나실인이 자기의 몸을 구별한 일로 말미암아 여호와께 헌물을 드림과 행할 법이며 이외에도 힘이 미치는 대로 하려니와 그가 서원한 대로 자기의 몸을 구별하는 법을 따라 할 것이니라

3장, 4장: 레위 지파의 수와 의무

5장: 정결한 공동체에 관한 규례

Ⅴ. 관찰 문제의 바른 답

말씀 돋보기(관찰)

1 나실인의 자격으로 서원할 수 있는 사람은 누구인가?(민 6:2)

남녀노소, 직분의 차이 없이 누구나 할 수 있다.

Tip

나실인 제도는 남녀를 차별하지 않고 나이에 제한이 없다. 뿐만 아니라 직분에 상관없이 하나님께 가장 가까이 나아갈 수 있는 제도로, 그 기간은 본인이 스스로 정한다. '나실인'은 하나님께 '서원된 자/구별된 자'(삿 13:5, 7)라는 뜻을 지닌 문구를 줄인 말이라는 점을 감안할 때 나실인으로 헌신한다는 것은 곧 하나님을 위해 특별히 구분된다는 것을 의미한다(cf. 레 15:31). 본문도 나실인이 된다는 것을 하나님께 특별한 서약을 하고 헌신하는 것으로 정의한다(2절). 나실인으로 서원한 동안 그 사람은 온전히 하나님만 바라볼 뿐만 아니라, 하나님이 그를 보살피실 것을 상징한다.

* 나실인 종류

1) 평생 나실인으로 드려진 사람(삼손, 사무엘)

2) 시간을 정해 놓고 하나님께 서원한 것을 이루고자 하는 사람들

2 나실인이 해서는 안 되는 일은 무엇인가?(민 6:3-8)

a) 포도주와 독주 섭취

b) 머리털 자르기

c) 주검을 접하는 것

Tip

〈나실인의 금지사항〉

	말씀	금지사항	의미
1	6:3-4	포도주와 독주 섭취	이 기간만이라도 전심을 다해 흩어지지 않는 집중력을 가지고 주님만 바라보게 함
2	6:5	머리털 자르기	하나님께 드려진 기간에 몸도 하나님께 속한 것이기에 머리털이라도 마음대로 잘라서는 안 됨
3	6:6	주검을 접하는 것	죽음은 부정한 것이고 창조와 생명을 주기 원하시는 하나님의 성품과 반대됨

3 주검을 접한 나실인은 어떤 정결 의식을 치러야 하는가?(민 6:9-12)

a) 9절: 7일간의 정결 기간과, 7일째 머리털과 수염을 밀어야 한다.

b) 10-11절: 산비둘기 두 마리 혹은 집비둘기 새끼 두 마리를 한 마리는 속죄 제물로, 한 마리는 번제물로 드려야 한다.

c) 12절: 1년 된 새끼 숫양을 가져다 속건 제물로 바쳐야 한다.

Tip

이 규례가 강조하는 것은 나실인은 주검을 접하지 않도록 최선을 다해야 한다는 것이다. 나실인은 생명 창조와 상반된 이유에서 주검을 접하는 것을 심각하게 여겨야 한다. 그러나 본인의 의지와 상관없이 주검을 접하게 되는 상황이면, 나실인은 정결 예식을 거쳐 서원기간을 다시 시작한다.

주검을 접한 나실인은 (1) 속죄 제물/정결 제물, (2) 번제물, (3) 속건 제물, 이 세 가지 제물을 드리고 나서야 비로서 나실인의 삶을 다시 시작할 수 있다. 이처럼 나실인의 서원은 중간에 본인이 의도하지 않은 일들로 인해 언제든지 다시 처음부터 시작해야 할 수도 있기 때문에 본문은 나실인 서원을 "[지키기가] 매우 어려운 서원"이라고 부른다(2절).

4 나실인의 삶을 마치면서 드리는 제사에 필요한 제물이 많다. 예식이 복잡한 이유는 무엇인가?(민 6:14-15)

하나님과 특별한 교제를 누렸으니 남이 드리지 않는 예배로 감사 표시를 드리는 것이다.

Tip 하나님과의 특별한 교제를 갖기 위해 나실인이 된 사람은 서원 기간을 시작할 때뿐만 아니라 마칠 때에도 각별히 신경을 써서 지정된 예식에 따라 나실인의 삶을 마쳐야 한다(13-21절). 하나님과 특별한 교제를 누렸으니 남이 드리지 않는 예배를 감사 표시로 드리는 것이 당연하고 예배 절차 또한 특별해야 한다.

나실인의 삶을 마감하면서 드리는 제사에 필요한 제물은 다음과 같다.

(1) 번제로 바칠 일 년 된 흠없는 새끼 숫양 한 마리

(2) 속죄 제물(정결 예물)로 바칠 일 년 된 흠 없는 새끼 암양 한 마리

(3) 화목 제물로 바칠 흠 없는 숫양 한 마리(14절)

(4) 누룩을 넣지 않은 고운 밀가루에 기름을 섞어 만든 빵

(5) 누룩을 넣지 않고 겉에 기름을 발라 만든 속 빈 과자

(6) 곡식 제물, 그리고 부어드리는 제물(15절)

* 속죄 제물: 나실인은 가장 성결하게 살아서 속죄제를 드려야 할 이유가 없다. 그러나 여기서 나실인이 속죄제를 드리는 이유는 죄나 부정을 씻기 위한 속죄 제물이 아니라, 그가 이제는 성결한 영역을 떠나 세속적인 영역으로 들어가는 것을 알리는 일종의 통관 절차로 볼 수 있다.

5 나실인의 삶을 마무리하면서 그동안 자란 머리카락은 어떻게 하며, 그 의미는 무엇인가?(민 6:18)

제단에서 태운다.

머리카락을 잘라 제물로 바침으로 서원 기간이 성공적으로 끝났음을 의미

Tip 제사장이 번제와 속죄제를 드린 다음 나실인은 그동안 자란 머리카락을 잘라 제단에서 태우도록 넘겨준다(18절). 나실인으로 사는 동안 전혀 자르지 않은 머리카락을 잘라 제물로 바침으로써, 서원 기간이 성공적으로

끝났음을 암시한다. 자른 머리카락을 기념품으로 소장하지 않고 모두 태우는 것은 나실인 서원은 오직 하나님과 서원자 사이의 일로 끝나야지 이것이 일종의 '종교적 이력'이 되어서는 안 된다는 사실을 암시한다.

V. 적용과 나눔

삶의 내비게이션(적용)

1 하나님과 특별한 교제를 누리는 나실인의 삶을 마무리하는 제사는 복잡하다. 특별한 만큼 예배 절차 또한 특별하고 감사 표시로 드리는 것이 당연하다. 당신이 경험해 본 특별한 예배는 무엇이 있는가?

관찰문제 4번 참고. 기간을 정해 나실인의 삶을 살고 난 후, 기간이 차면 나실인의 삶을 마치는 예배를 드리는데 이 예배가 복잡하고 까다롭다. 그것은 나실인으로 하나님과 특별한 교제를 누렸으니 마무리하는 예배를 특별하게 드리는 것이다. 우리는 시작은 거창하게 하지만 마무리가 안 되는 경우가 많다. 소리가 요란하게 시작하다가도 언제 없어졌는지, 언제 작정했는지 끝을 알 수가 없다. 그런데 나실인은 마지막이 가장 특별하다. 어려움에 처하면 하나님께 도와달라고 기도하다가도 하나님 은혜로 일이 해결되면 감사와 헌신 대신 내가 열심히 해서 해결된 것으로 착각한다. 각자 특별하게 드린 예배의 경험을 나누어 보도록 한다. 주일 예배, 가정 예배, 개업 예배 등을 예로 들 수 있다. 시작하면서 드리는 예배는 많지만 마치면서 드리는 예배는 거의 없는 듯하다. 인도자는 마무리의 중요성에 초점을 두고 나실인처럼 마치면서 드리는 예배에 대해 이야기를 나누도록 돕는다.

2 나실인은 머리카락을 불태워서 자신의 나실인 서원이 종교적 이력이 되지 않도록 한다. 당신이 갖고 있는 종교적 이력에는 무엇이 있는가?

관찰문제 5번 참고. 나실인으로 살면서 자르지 않은 머리카락을 나실인 기간이 마치면 잘라서 불태우는 의식을 갖는다. 이것은 자른 머리카락을 들고 다니며 나실인 기간을 잘 마쳤다고 자랑하는 것을 막기 위해서다. 우리도 여러 자랑거리를 밝힐 수 있다. 예를 들면, 성경을 몇 번 읽었다, 교회를 몇 년 다녔다, 부장집사를 몇 년 했다, 교사와 성가대를 몇 년째 하고 있다 등등 종교적 이력을 자랑할 때가 있다. 그러나 성경은 나실인의 특별한 삶을 산 것도 자랑하지 말라고 머리카락을 태운다. 그러므로 종교적 이력은 결코 자랑거리가 아니다. 각자 가지고 있는 종교적 이력을 나누어 보자. 그 이력을 갖게 된 계기도 이야기해 보고, 종교적 이력이 결코 자랑이 되어서는 안 된다는 사실을 나실인을 통해 깨닫도록 돕는다.

3 나실인 제도는 남녀 구별, 신분의 차이 없이 하나님께 가장 가까이 나아갈 수 있는 제도이다. 삼손과 사무엘처럼 평생 나실인으로 드려진 사람도 있지만, 대부분 사람은 시간을 정해 놓고 하나님께 서원한 것을 이루고자 하는 제도이기도 하다. 당신이 앞으로 일정 기간을 구분하고자 하면 어느 때를 구분하겠는가?

관찰문제 1번 참고. 제2 성전 시대에 유래된 기록에 의하면 여왕 헬레나가 아들이 전쟁에서 무사히 돌아오게 해 달라며 7년을 나실인으로 살기로 서원하지만 7년이 끝날쯤 사고로 주검을 접하게 되어 다시 7년 나실인으로 살았다고 한다. 아그리파 2세의 자매 베르니스는 앓던 병에서 회복된 것에 감사해 30일 동안 서원해 나실인으로 지냈다.

사람들은 단순히 하나님을 향한 열정의 표현으로, 하나님에 대한 감사 표현으로, 무언가 특별한 축복이나 이적을 바라며 나실인이 되었다. 각자 일정 기간에 나실인이 된다면, 어느 때를 구분할 것인가 나누어 보도록 한다. 그것이 위에서처럼 열정의 표현으로, 감사의 표현으로, 소원이 이루어지기를 바라며 다양한 이유에서 나실인으로 살 수 있다. 각자 어느 때 어떤 이유로 나실인으로 살고 싶은가 말해 보도록 한다.

예) 가장 좋은 시절을 드리기 위해 젊을 때 하나님께 구분하여 봉사활동을 떠날 수도 있다.
노년을 하나님께 감사의 표현으로 하나님을 묵상하며 보낼 수 있다.

Ⅵ. 마무리

기도로 마무리한다.
제4주 관찰문제를 예습해 오도록 한다.
실천과제를 제시한다.

생활의 아로마(실천)

예 1) 기간을 정해서 나실인으로 살도록 한다.
- 특별히 주님을 묵상하면서 살아본다.

2) 서원한 일이 끝났을 때 반드시 감사하도록 한다.
- 시작만 좋은 용두사미가 되지 말기

제4주 제사장의 축복 – 아시면 된다!

민수기 6:22–27

학습목표

1. 하나님의 얼굴이 우리에게 향하신다는 것은 우리의 형편을 헤아리신다는 의미이다.
2. 하나님이 우리의 형편을 아시는 것은 큰 축복임을 알 수 있다.

KEYWORD **형편, 축복, 얼굴**

Ⅰ. 찬양과 기도

Ⅱ. 지난주 실천 과제 나눔

Ⅲ. 복습문제 풀이

복습

1 나실인의 자격으로 서원할 수 있는 사람은 누구인가?(민 6:2)

남녀노소, 직분의 차이 없이 누구나 할 수 있다.

2 나실인의 삶을 마치면서 드리는 제사에 필요한 제물이 많다. 예식이 복잡한 이유는 무엇인가?(민 6:14–15)

하나님과 특별한 교제를 누렸으니 남이 드리지 않는 예배로 감사 표시를 드리는 것이다.

Ⅳ. 말씀 민수기 6:22–27을 다 함께 읽는다

6:22 여호와께서 모세에게 말씀하여 이르시되 23 아론과 그의 아들들에게 말하여 이르
기를 너희는 이스라엘 자손을 위하여 이렇게 축복하여 이르되

24 여호와는 네게 복을 주시고
너를 지키시기를 원하며
25 여호와는 그의 얼굴을 네게 비추사
은혜 베푸시기를 원하며
26 여호와는 그 얼굴을 네게로 향하여 드사
평강 주시기를 원하노라 할지니라

하라 27 그들은 이같이 내 이름으로 이스라엘 자손에게 축복할지니 내가 그들에게 복
을 주리라

Ⅴ. 관찰 문제의 바른 답

말씀 돋보기(관찰)

1 제사장이 이스라엘 자손을 위한 축복은 세 문장으로 구성되어 있다. 각 문장은 한 쌍의 동사를 사용하는데 그것은 무엇인가?(민 6:24–26)

a) 복을 주시다 ––– 너를 지키시다
b) 빛을 비추다 ––– 은혜를 베푸시다
c) 네게로 향하여 들다 ––– 평강을 주시다

Tip 축도는 하나님의 이름 여호와를 중심으로 한 세 문장으로 구성되어 있으며, 각 문장마다 한 쌍의 동사가 사용된다. (1) 축복하다–지키다(24절), (2) 빛을 비추다–은혜를 베풀다(25절), (3) 높이다/들다–[평화를]주다(26절). 히브리어 문법상 하나님의 성호는 첫 문장에서 한 번 사용하면 된다. 그럼에도 불구하고 하나님의 이름이 각 문장에 등장하여 3차례 사용

되는 것은 본문이 묘사하고 있는 축복의 주제가 하나님이심을 강조하기 위함이다. 또한 이 축도에서 하나님의 성호가 3차례 사용되는 것은 신약의 축도에서 성부–성자–성령 삼위일체 하나님이 언급되는 것과 맥을 같이한다.

2 제사장이 빌어주는 복은 무엇을 의미하며, 하나님의 지키심이 무엇으로부터의 보호를 의미하는가?(민 6:24)

물질적이고 실제적인 복

모든 악에서 보호를 의미

Tip 첫 번째 문장이 빌어주고 있는 복("여호와는 네게 복을 주시고")는 모세오경, 특히 민수기 안에서 자손 번성(창 28:3; 신 1:11), 풍요로운 땅(창 35:12; 48:3), 건강과 장수 그리고 원수들로부터의 보호(신 7:12–16) 등 물질적이고 실제적인 복을 의미한다. 여호와께서 너를 "지키시기를 원하신다"를 통해 빌어주는 것은 하나님이 악한 영(시 91:11)과 모든 유형의 악(시 121장)에서 보호해 주시기를 바란다는 뜻이다. 그러므로 첫 번째 문장은 하나님이 복 받는 자를 어떠한 물질적인 어려움에도 빠지지 않게 하시며 영적인 위험에서도 보호해 주심으로 하나도 부족함이 없도록 해 달라는 간구이다.

3 하나님의 얼굴을 네게로 비추신다는 의미는 무엇인가?(민 6:25)

심판과 환난 날에 하나님이 자비를 베푸시고 관대하게 대하시기를 바란다는 의미

Tip 두 번째 문장("여호와는 그의 얼굴을 네게 비추사 은혜 베푸시기를 원하며")이 간구하는 것은 심판과 환난 날에 하나님이 자비를 베푸사 관대히 대하시기를 바란다는 뜻이다. 하나님을 의인화하는 이 유형의 표현은 하나님의 다정다감한 배려를 뜻한다. 고대 근동 문헌에서도 신(들)이 인간에게 얼굴을 비추는 것은 개인 혹은 국가에게 선물을 주거나 자비를 베푼다는 뜻이며, 더 나아가 심판/진노에서 제외해준다는 의미도 포함하고 있다. 성경에서 "자비를 베풀다"는 오직 하나님의 은혜와 자비에만 연관

되어 사용되며, 하나님이 내리셔야 할 심판을 자비로 완화한다는 뜻을 지니고 있다.

4 세 번째 문장의 의미는 무엇인가?(민 6:26)

이 세상에서 부족함 없이 누리는 삶을 의미

Tip 세 번째 문장("여호와는 그 얼굴을 네게로 향하여 드사 평강 주시기를 원하노라")은 하나님이 사랑스럽고 흡족한 표정을 지으며 웃어 주기를 바란다는 뜻이다(cf. 창 19:21; 32:21; 욥 42:8-9). '평강(샬롬)'은 모든 재해에서 자유함과 이 세상에서 우리의 모든 필요가 흡족하게 채워지는 것을 뜻한다. 그러므로 '평강'은 모든 면에서 우리가 이 세상에서 누릴 수 있는 최고의 여건을 묘사한다.

5 제사장의 축복은 언제 선포되었으며, 제사장 축도의 목적은 무엇인가?(민 6:27)

선포: 주의 백성이 하나님을 예배하기 위해 성막/성전에 들어올 때나 나갈 때

목적: 주의 백성들이 여호와의 축복을 삶에서 직접 체험할 수 있도록 하는 데 그 목적이 있다.

Tip 이 축복의 선포 정황은 주의 백성이 하나님을 예배하기 위해 성막/성전에 들어올 때나 나갈 때에 제사장들이 빌어주었다. 오늘날의 축도 개념과 비슷하다. 제사장이 축복을 선포하지만 실제로 복을 내리시는 분은 하나님이다. 27절 히브리어 문구의 정확한 번역은 "그들[제사장들]이 내 이름을 이스라엘 자손 위에 두면"이다. 이렇게 번역하면 '여호와'는 이스라엘과 하나님의 관계를 전제하는 언약적 이름이기 때문에 이 성호 자체가 백성에게 큰 축복이다. 제사장의 축도를 통해 축복인 주님의 이름이 주의 백성 위에 머물게 되는 것이다. 그러므로 이 축도의 목적은 주의 백성이 여호와의 축복을 삶에서 직접 체험할 수 있게 한다.

모든 복은 하나님께로부터 오는 것이다. 비록 제사장이 이 축복을 예배자들에게 선포하지만, 실제로 그들에게 복을 내리시는 분은 하나님이시다. 간혹 오늘날 축도를 할 때 마치 목회자가 복을 내리는 것으로 착각하는 경향이 있으나 축복의 하나님이 주의 백성을 축복하는 주체이심을 결코 혼동해서는 안 된다.

V. 적용과 나눔

삶의 내비게이션(적용)

1 축복을 빌어주는 일은 구약에서 흔히 발견되는 현상이다. 당신의 기억에 남는 축복의 말은 무엇이었는가?

관찰문제 5번 참고. 구약에서의 축복은 어떤 때는 한 번 선포된 축복은 다시 물릴 수 없을 정도로 신비적인 힘을 지닌 것으로 이해했다(cf. 창 27:30-38). 어떤 때는 일상화된 인사말로 축복을 선언하기도 했다(룻 2:4). 각자가 기억에 남는 축복의 말은 무엇이었는지 나누어 본다. 그것이 다시 물릴 수 없는 축복일 수도 있고, 늘 하던 인사말이었는데 기억에 남을 수도 있다. 어떤 상황이었느냐에 따라 축복의 말이 더 절실하게 느껴질 수도 있다. 그리고 축복의 말을 선포한 사람이 누구냐에 따라서도 기억에 남을 수도 있다. 헤어지는 친구일 수도 있고, 목사님, 선생님, 교회의 누군가일 수도 있다.

2 구약 시대나 지금이나 하나님의 복을 누리며 사는 것은 주의 백성의 소망이다. 당신이 누리고 있는 가장 큰 하나님의 복은 무엇인가?

관찰문제 2번 참고. 하나님이 주시겠다는 복에는 영혼이 잘되는 것뿐만 아니라 번성하고 풍요로운 땅과 건강과 장수, 원수로부터의 보호 등 물질적이고 실제적인 복이다. 하나님이 주시려는 복에는 우리가 누리고 싶은 것이 모두 포함되어 있다. 물질이 많았으면, 집이 있었으면, 건강했으면, 오래 살았으면, 하는 사업이 번성했으면 등등 우리들이 흔히 말하는 복이 다 포함되어 있다. 각자 누리고 있는 복 중에 가장 큰 하나님의 복은 무엇인가 세어보는 시간이 되도록 한다. 건강, 장수, 물질의 풍요, 땅의 풍요, 자녀가 잘되는 것, 사업 번창, 그리고 영혼의 기쁨 등 서로 다르게 누리는 복을 말해 보도록 한다.

3 구약의 성도는 하나님이 자기의 형편을 알고 계신 것을 최고의 축복으로 알았다. 하나님이 당신의 형편을 아시는 것이 왜 중요하다고 생각하는가?

관찰문제 3번, 4번 참고. 구약의 성도는 하나님의 헤아리심으로 만족하고 기다리는 삶을 살았다. 그들에게 하나님이 내 형편을 아신다는 것은 곧 문제를 해결해주신다는 의미와 같았다. 하나님의 얼굴이 내게로 향해지고 평강을 주시기를 원한다는 축복은 모든 것이 부족함이 없는 이 세상에서 누릴 수 있는 최고의 여건을 의미한다. 그러므로 하나님의 얼굴이 내게로 향해지고 내 형편을 아신다는 것은 나를 부족함이 없는 최고의 여건으로 만들어 주신다는 것이다. 그러나 우리는 하나님이 내 형편을 아시는 것으로 만족하지 못한다. 그것이 내가 원하는 시간에, 원하는 만큼, 원하는 방식으로, 이루어지기 위해 하나님의 주권을 침해하며 강력하게 주장하기도 한다. 아시는 것으로 만족하고 기다려야 하는데 그 기다림을 믿음이 아닌 불안으로 보내다 보니 하나님께 강요하는 것이다. 각자가 하나님이 형편을 아신다는 것이 왜 중요하다고 생각하는지 이야기를 나누어 본다. 구약에서는 최고 축복이었는데 과연 당신에게도 최고의 축복인지 서로 이야기를 나누어 본다.

Ⅵ. 마무리

기도로 마무리한다.
제5주 관찰문제를 예습해 오도록 한다.
실천과제를 제시한다.

생활의 아로마(실천)

예 1) 이 축복의 말씀을 외워서 가까운 사람을 매일 축복한다.
– 이름을 넣어서 축복해 주기

제5주 레위인 – 거룩한 봉사

민수기 8:5–26

학습목표

1. 선택받은 레위인처럼 크리스천은 구별된 삶을 살아야 한다는 사실을 알 수 있다.
2. 직분에는 은퇴가 있어도 사역에는 은퇴가 없다는 사실을 알 수 있다.

KEYWORD **레위인, 구별, 역할**

Ⅰ. 찬양과 기도

Ⅱ. 지난주 실천 과제 나눔

Ⅲ. 복습문제 풀이

복습

1 제사장의 축복은 언제 선포되었으며, 제사장 축도의 목적은 무엇인가?(민 6:27)

선포: 주의 백성이 하나님을 예배하려고 성막/성전에 들어올 때나 나갈 때

목적: 주의 백성이 여호와의 축복을 삶에서 직접 체험할 수 있도록

Ⅳ. 말씀 민수기 8:5-26을 다 함께 읽는다

8:5 여호와께서 모세에게 말씀하여 이르시되 6 이스라엘 자손 중에서 레위인을 데려다
가 정결하게 하라 7 너는 이같이 하여 그들을 정결하게 하되 곧 속죄의 물을 그들에게
뿌리고 그들에게 그들의 전신을 삭도로 밀게 하고 그 의복을 빨게 하여 몸을 정결하
게 하고 8 또 그들에게 수송아지 한 마리를 번제물로, 기름 섞은 고운 가루를 그 소제
물로 가져오게 하고 그 외에 너는 또 수송아지 한 마리를 속죄제물로 가져오고 9 레위
인을회막 앞에 나오게 하고 이스라엘 자손의 온 회중을 모으고 10 레위인을 여호와 앞
에 나오게 하고 이스라엘 자손이 그들에게 안수하게 한 후에 11 아론이 이스라엘 자손
을 위하여 레위인을 흔들어 바치는 제물로 여호와 앞에 드릴지니 이는 그들에게 여호
와께 봉사하게 하기 위함이라 12 레위인으로 수송아지들의 머리에 안수하게 하고 네
가 그 하나는 속죄제물로, 하나는 번제물로 여호와께 드려 레위인을 속죄하고 13 레위
인을아론과 그의 아들들 앞에 세워 여호와께 요제로 드릴지니라 14 너는 이같이 이스
라엘 자손 중에서 레위인을 구별하라 그리하면 그들이 내게 속할 것이라 15 네가 그들
을 정결하게 하여 요제로 드린 후에 그들이 회막에 들어가서 봉사할 것이니라 16 그들
은 이스라엘 자손 중에서 내게 온전히 드린 바 된 자라 이스라엘 자손 중 모든 초태생
곧 모든 처음 태어난 자 대신 내가 그들을 취하였나니 17 이스라엘 자손 중에 처음 태
어난 것은 사람이든지 짐승이든지 다 내게 속하였음은 내가 애굽 땅에서 모든 처음 태
어난 자를 치던 날에 그들을 내게 구별하였음이라 18 이러므로 내가 이스라엘 자손 중
모든 처음 태어난 자 대신 레위인을 취하였느니라 19 내가 이스라엘 자손 중에서 레위
인을 취하여 그들을 아론과 그의 아들들에게 주어 그들로 회막에서 이스라엘 자손을
대신하여 봉사하게 하며 또 이스라엘 자손을 위하여 속죄하게 하였나니 이는 이스라
엘 자손이 성소에 가까이 할 때에 그들 중에 재앙이 없게 하려 하였음이니라 20 모세
와 아론과 이스라엘 자손의 온 회중이 여호와께서 레위인에 대하여 모세에게 명령하
신 것을 다 따라 레위인에게 행하였으되 곧 이스라엘 자손이 그와 같이 그들에게 행하
였더라 21 레위인이 이에 죄에서 스스로 깨끗하게 하고 그들의 옷을 빨매 아론이 그들
을 여호와 앞에 요제로 드리고 그가 또 그들을 위하여 속죄하여 정결하게 한 22 후에
레위인이회막에 들어가서 아론과 그의 아들들 앞에서 봉사하니라 여호와께서 레위인
의 일에 대하여 모세에게 명령하게 하신 것을 따라 그와 같이 그들에게 행하였더라 23
여호와께서 또 모세에게 말씀하여 이르시되 24 레위인은 이같이 할지니 곧 이십오 세

이상으로는 회막에 들어가서 복무하고 봉사할 것이요 [25] 오십 세부터는 그 일을 쉬어 봉사하지 아니할 것이나 [26] 그의 형제와 함께 회막에서 돕는 직무를 지킬 것이요 일하지 아니할 것이라 너는 레위인의 직무에 대하여 이같이 할지니라

7장: 지파별 우두머리들의 헌물

V. 관찰 문제의 바른 답

말씀 돋보기(관찰)

1 레위 사람의 봉헌식은 어떤 절차를 거쳐야 하는가?(민 8:6-13)

a) 정결하게 하는 속죄의 물을 온몸에 뿌림(7b절)

b) 온몸의 털을 삭도질(7c절)

c) 옷을 빨아 입음(7d절)

d) 번제물, 속죄 제물, 그리고 곡식 제물을 준비함(8절)

e) 회막 앞에서 이스라엘 백성의 안수를 받음(9절)

f) 아론에 의해 하나님께 흔들어 바치는 제물이 됨(11절)

g) 수송아지 두 마리를 속죄 제물과 번제물로 바침(12절)

h) 제사장에 의해 레위사람이 흔들어 바치는 제물이 됨(13절)

Tip

성막에서 제사장을 돕는 일을 위해 레위사람은 매우 정교하고 까다로운 예식을 치러야 한다. 민수기가 시작된 이후 레위사람은 특별한 취급을 받는다. 그들은 이스라엘 전체의 인구조사에서 제외되었고(1:48-53), 3-4장은 그들만의 특별한 인구조사, 성막 사역 등에 대해 언급하고 있다. 레위사람은 맡겨진 고유 사역(4장)을 시작하기 전에, 온 이스라엘 앞에서 성결 예식을 통해 특별한 위치를 온 백성에게 알린다.

2 이스라엘 자손을 위해 레위 사람은 두 번 흔들어 바치는 제물이 되는데 그 이유는 무엇인가?(민 8:1-13)

a) 이스라엘 공동체를 대표해 하나님을 섬기도록 구분되었음을(하나님께 바쳐졌음을) 의미

b) 아론과 제사장에게 제물처럼 바쳐져 사역을 보좌할 것을 확인하는 예식

Tip 흔들어 바치는 제물은 하나님께 드려진, 하나님의 것을 상징한다. 이것은 레위인이 흔들어지거나 레위인 스스로 흔들었다는 뜻이 아니라 요제의 의미로 구별되었다는 의미이다.

레위 사람이 두 번 흔들어 바쳐진 제물이 되는 이유는 다음과 같다.

1) 성막과 백성 앞에 서 있던 레위 사람이 흔들어 바치는 예물이 된 것은 이스라엘 백성이 그들에게 손을 얹어 그들이 이스라엘 공동체를 대표해 하나님을 섬기도록 구분했음을(하나님께 바쳐졌음을) 뜻한다.

2) 아론과 제사장 앞에 서 있던 레위 사람이 흔들어 바치는 제물이 된 것은 앞으로 아론과 제사장들에게 제물처럼 바쳐져 사역을 보좌할 것을 확인하는 예식이다.

3 레위 사람이 구별되어 하나님의 사역을 하게 된 역사적 배경은 무엇인가?(민 8:16–17)

출애굽 사건으로 인해 –10번째 재앙

Tip 레위 사람이 구별되어 하나님 앞에서 사역하게 된 동기는 출애굽 사건에 있다. 하나님이 이집트에 내린 10번째이자 마지막 재앙에서 이집트의 모든 장자를 죽이셨는데, 이스라엘의 장자는 죽이지 않으셨다. 출애굽 1세대 레위 사람은 하나님의 은혜를 입어 죽지 않게 된 이스라엘 장자를 대신해 하나님께 속하게 된 자들이다. 또한 레위인이 구별된 이유는 금송아지 반역 사건 때에 하나님의 검과 창이 되어 죄인에게 하나님의 분노를 쏟은 일을 담당하게 된 것에 있다. 이 일이 주님을 기쁘게 하여 하나님이 특별히 옆에 두고 섬기게 했다(출 32:26–29).

4 레위 사람이 이스라엘 자손을 대신해 감당할 역할은 무엇인가?(민 8:19)

이스라엘 사람의 죄에 대한 대가 역할을 함으로써 죄를 속하여 주고, 성소에 접근할 때에 재앙을 받지 않게 하는 역할

Tip

레위사람은 또한 이스라엘 자손의 죄를 "대신 속하여 주어" 그들이 성소에 접근할 때에라도 재앙을 받지 않게 하는 역할을 했다. 그러나 레위 사람은 이스라엘의 죄를 덮는/용서받게 하는 제사장과는 다르다. 주석가들은 레위 사람이 이스라엘 사람의 죄에 대한 대가 역할을 함으로써 그들의 죄를 속하여 주는 것을 뜻한다고 풀이한다.
피뢰침이 낙뢰를 흡수하여 주변의 피해를 막는 것처럼, 하나님의 진노를 레위 사람이 흡수해 하나님의 심판을 두려워하지 않고 성막을 출입할 수 있도록 했던 것이다.

5 레위 사람들이 회막에서 봉사할 수 있는 나이는 몇세인가?(민 8:23-24)

25-50세

Tip

레위 사람은 25세가 되면 성막에 들어와 일을 시작해 50세가 되면 퇴임해야 한다(24절). 이스라엘이 광야생활 동안에는 성막 도구를 운반하는 임무를 맡은 레위 사람의 50세 정년이 지켜져야 한다. 성막의 거룩한 물건을 운송하는 일은 한 치의 오차도 용납할 수 없기 때문에 가장 능숙한 나이로 제한을 하지만 사사로운 일은 50세가 넘은 사람도 할 수 있다. 다만 50세에 퇴임한 레위사람들은 도움이 필요한 현직 레위 사역자를 도울 수 있다(26절).

V. 적용과 나눔

삶의 내비게이션(적용)

1 레위 사람은 이스라엘 백성 중에서 특별히 구별되었다. 언제 하나님

께 쓰임을 받기 위해 특별히 선택받았다고 느꼈는가?

관찰문제 1번, 3번 참고. 레위 사람은 이스라엘 장자를 대신해 하나님께 속한 사람이다. 그리고 특별히 구분되어 하나님을 섬기는 사람이다(출 32:26-29). 구분된다는 것은 불편한 일이 많다. 각자 하나님께 특별히 선택받았다고 느낀 경험과 상황을 나누어 보자. 하나님의 선택과 구분은 어떻게 보면 불편하고 어려운 일이지만 구별된 삶을 산다는 것은 참으로 기쁜 일이다. 이것은 대충 사는 삶이 아니라 불편하지만 구별해서 잘 사는 것이다. 각자가 선택받았다고 느꼈을 때는 언제인지 이야기해 보자.

예) 구별되기 위해 술자리에서 술을 마시지 않는다.
모두 컨닝을 하지만 나는 거부한다.
뇌물을 받지 않는다.
부정 대신 공정하게 일을 처리한다.

가족이 모두 모여 예배를 드리는 순간을 특별한 선택의 순간으로 생각할 수도 있지만 학교와 직장생활에서 부딪히면서 오는 경험일 수도 있다. 각자 이야기를 나누어 보고 왜 그렇게 생각하는지도 이야기해 본다.

2 레위 사람은 매우 정교하고 까다로운 예식을 치른다. 반면에 오늘날 예식은 간소하다 못해 무시되는 경우가 많다. 형식이 내용을 대체할 수는 없지만 형식도 중요하다. 당신이 형식과 절차를 가볍게 여기는 것은 무엇인가?

관찰문제 1번 참고. 레위 사람의 까다로운 예식은 그들이 특별하고 구별되었음을 잘 보여준다. 어떤 면에서 까다로운 예식은 그만큼 특별함을 의미한다. 그러므로 말씀과 찬양으로 치우치는 예배도 좋지만 적절한 예배 형식과 상징적인 도구 사용은 예배의 의미와 하나님 체험을 더 확실히 하게 할 수 있다. 각자 형식과 절차를 가볍게 여기는 것은 무엇이 있는지 나누어 본다. 과거를 비교해서 이야기해 보는 것도 좋다. 예를 들면 과거에는 무릎을 꿇고 기도했는데, 지금은 다리를 꼬고 기도한다. 서서 축도를 받았는데, 지금은 앉아서 받는다. 과거에는 헌금을 미리 준비해서 드렸는데, 지금은 몰아서 한꺼번에 혹은 계좌 이체로 아무 때나 드린다.

왜 형식과 절차를 가볍게 여기는지에 대해서도 이야기를 나누어 본다. 이 과정을 공부하면서 형식과 절차에 대해 다시 생각하게 된 것에는 무엇이 있는지 말해 본다.

3 성막의 거룩한 물건을 운송하는 레위사람은 50세가 되면 퇴임한다. 당신이 생각할 때 정년의 적절한 나이는 몇 세인가?

관찰문제 5번 참고. 이스라엘이 광야생활 동안에 성막 도구를 운반하는 임무를 맡은 레위 사람은 50세 정년이 지켜져야 한다. 성막의 거룩한 물건을 운반하는 일에는 한 치의 오차도 용납할 수 없기 때문에 가장 능숙한 나이인 25-50세로 제한하지만, 사사로운 일은 50세가 넘은 사람도 할 수 있다. 그러므로 직분이나 직업은 은퇴가 있지만, 사역에는 은퇴가 없다. 특히 요즘은 100세 시대로 직장을 은퇴한 후에도 제2의 인생을 사는 경우가 많다. 직장은 그만두었지만, 여전히 하나님이 허락하신 사역은 남아 있다. 각자 생각하는 정년은 몇 세인지, 왜 그렇게 생각하는지 이야기해 본다. 정년 후에 어떤 삶을 살 것인가 이야기를 나누어 보도록 한다.

Ⅵ. 마무리

기도로 마무리한다.
제6주 관찰문제를 예습해 오도록 한다.
실천과제를 제시한다.

생활의 아로마(실천)

예 1) 소홀히 생각한 형식을 회복하는 시간을 갖도록 한다.
2) 은퇴(직업, 직분) 후의 구체적인 계획을 세워 보도록 한다.

제6주 반역 I – 하찮은 불평

민수기 11:4–35

학습목표

1. 불평과 지나친 욕심은 화를 불러온다는 것을 알 수 있다.
2. 리더의 마음과 하나님의 마음을 알 수 있다.

KEYWORD **불평, 광야생활, 리더십**

Ⅰ. 찬양과 기도

Ⅱ. 지난주 실천 과제 나눔

Ⅲ. 복습문제 풀이

복습

1 레위 사람들이 구별되어 하나님의 사역을 하게 된 역사적 배경은 무엇인가?(민 8:16–17)

출애굽 사건으로 인해 –10번째 재앙

2 레위 사람이 이스라엘 자손을 대신해 감당할 역할은 무엇인가?(민 8:19)

이스라엘 사람의 죄에 대한 대가 역할을 함으로 죄를 속하여 주고, 성소에 접근할 때에 재앙을 받지 않게 하는 역할

Ⅳ. 말씀 민수기 11:4-35을 다 함께 읽는다

11:4 그들 중에 섞여 사는 다른 인종들이 탐욕을 품으매 이스라엘 자손도 다시 울며 이
르되 누가 우리에게 고기를 주어 먹게 하랴 5 우리가 애굽에 있을 때에는 값없이 생선
과 오이와 참외와 부추와 파와 마늘들을 먹은 것이 생각나거늘 6 이제는 우리의 기력
이 다하여 이 만나 외에는 보이는 것이 아무 것도 없도다 하니 7 만나는 깟씨와 같고
모양은 진주와 같은 것이라 8 백성이 두루 다니며 그것을 거두어 맷돌에 갈기도 하며
절구에 찧기도 하고 가마에 삶기도 하여 과자를 만들었으니 그 맛이 기름 섞은 과자
맛 같았더라 9 밤에 이슬이 진영에 내릴 때에 만나도 함께 내렸더라 10 백성의 온 종족
들이 각기 자기 장막 문에서 우는 것을 모세가 들으니라 이러므로 여호와의 진노가 심
히 크고 모세도 기뻐하지 아니하여 11 모세가 여호와께 여짜오되 어찌하여 주께서 종
을 괴롭게 하시나이까 어찌하여 내게 주의 목전에서 은혜를 입게 아니하시고 이 모든
백성을 내게 맡기사 내가 그 짐을 지게 하시나이까 12 이 모든 백성을 내가 배었나이
까 내가 그들을 낳았나이까 어찌 주께서 내게 양육하는 아버지가 젖 먹는 아이를 품듯
그들을 품에 품고 주께서 그들의 열조에게 맹세하신 땅으로 가라 하시나이까 13 이 모
든 백성에게 줄 고기를 내가 어디서 얻으리이까 그들이 나를 향하여 울며 이르되 우리
에게 고기를 주어 먹게 하라 하온즉 14 책임이 심히 중하여 나 혼자는 이 모든 백성을
감당할 수 없나이다 15 주께서 내게 이같이 행하실진대 구하옵나니 내게 은혜를 베푸
사 즉시 나를 죽여 내가 고난 당함을 내가 보지 않게 하옵소서 16 여호와께서 모세에
게 이르시되 이스라엘 노인 중에 네가 알기로 백성의 장로와 지도자가 될 만한 자 칠
십 명을 모아 내게 데리고 와 회막에 이르러 거기서 너와 함께 서게 하라 17 내가 강림
하여 거기서 너와 말하고 네게 임한 영을 그들에게도 임하게 하리니 그들이 너와 함
께 백성의 짐을 담당하고 너 혼자 담당하지 아니하리라 18 또 백성에게 이르기를 너희
의 몸을 거룩히 하여 내일 고기 먹기를 기다리라 너희가 울며 이르기를 누가 우리에게
고기를 주어 먹게 하랴 애굽에 있을 때가 우리에게 좋았다 하는 말이 여호와께 들렸으
므로 여호와께서 너희에게 고기를 주어 먹게 하실 것이라 19 하루나 이틀이나 닷새나
열흘이나 스무 날만 먹을 뿐 아니라 20 냄새도 싫어하기까지 한 달 동안 먹게 하시리
니 이는 너희가 너희 중에 계시는 여호와를 멸시하고 그 앞에서 울며 이르기를 우리가
어찌하여 애굽에서 나왔던가 함이라 하라 21 모세가 이르되 나와 함께 있는 이 백성의
보행자가 육십만 명이온데 주의 말씀이 한 달 동안 고기를 주어 먹게 하겠다 하시오니

22 그들을 위하여 양 떼와 소 떼를 잡은들 족하오며 바다의 모든 고기를 모은들 족하
오리이까 23 여호와께서 모세에게 이르시되 여호와의 손이 짧으냐 네가 이제 내 말이
네게 응하는 여부를 보리라 24 모세가 나가서 여호와의 말씀을 백성에게 알리고 백성
의 장로 칠십 인을 모아 장막에 둘러 세우매 25 여호와께서 구름 가운데 강림하사 모
세에게 말씀하시고 그에게 임한 영을 칠십 장로에게도 임하게 하시니 영이 임하신 때
에 그들이 예언을 하다가 다시는 하지 아니하였더라 26 그 기명된 자 중 엘닷이라 하
는 자와 메닷이라 하는 자 두 사람이 진영에 머물고 장막에 나아가지 아니하였으나 그
들에게도 영이 임하였으므로 진영에서 예언한지라 27 한 소년이 달려와서 모세에게
전하여 이르되 엘닷과메닷이 진중에서 예언하나이다 하매 28 택한 자 중 한 사람 곧
모세를 섬기는 눈의 아들 여호수아가 말하여 이르되 내 주 모세여 그들을 말리소서 29
모세가 그에게 이르되 네가 나를 두고 시기하느냐 여호와께서 그의 영을 그의 모든 백
성에게 주사 다 선지자가 되게 하시기를 원하노라 30 모세와 이스라엘 장로들이 진중
으로 돌아왔더라 31 바람이 여호와에게서 나와 바다에서부터 메추라기를 몰아 진영 곁
이쪽 저쪽 곧 진영 사방으로 각기 하룻길 되는 지면 위 두 규빗쯤에 내리게 한지라 32
백성이 일어나 그 날 종일 종야와 그 이튿날 종일토록 메추라기를 모으니 적게 모은
자도 열 호멜이라 그들이 자기들을 위하여 진영 사면에 펴 두었더라 33 고기가 아직
이 사이에 있어 씹히기 전에 여호와께서 백성에게 대하여 진노하사 심히 큰 재앙으로
치셨으므로 34 그 곳 이름을 기브롯핫다아와라 불렀으니 욕심을 낸 백성을 거기 장사
함이었더라 35 백성이 기브롯핫다아와에서 행진하여 하세롯에 이르러 거기 거하니라

9장: 두 번째 유월절과 광야 행진

10장: 은나팔

V. 관찰 문제의 바른 답

말씀 돋보기(관찰)

1 이스라엘 자손이 가장 크게 불평한 것은 무엇인가?(민 11:4)

먹을 것에 대한 불평

Tip 매일 만나를 먹던 이스라엘이 이집트 생활을 그리워하기 시작했다. 과거 이집트에서 노예생활하며 고생했던 일은 전혀 떠올리지 않고, 오직 맛있는 것을 먹은 것만을 추억으로 떠올렸다(5절). 사건의 발달은 이스라엘 회중에 섞여 있던 "불량자들"이 탐욕을 부리며 나머지 사람을 선동한 것이었다(4절).

〈출애굽기와 민수기 비교〉

출애굽기–시내 산에 도착하기 전	민수기–시내 산을 떠난 후
미리암의 찬양(15:20–21)	미리암과 아론의 반역(12장)
물에 대한 불만과 쓴 물을 단물이 되게 하신 하나님의 치유(15:22–26)	불만과 사람을 죽이는 하나님의 불(11:1–3)
만나/메추라기(16장)	만나/메추라기(11:4–15, 31–35)
모세의 짐을 덜기 위해 지도자들 임명(18장)	모세의 짐을 덜기 위해 지도자들 임명(11:16–30)
이스라엘이 아말렉 족을 쳐 승리함(17:8–16)	이스라엘이 아말렉 족을 쳤지만 패함(14:39–45)

2 이스라엘의 불평을 듣고 모세는 하나님께 자신의 어려움을 어떻게 표현했는가?(민 11:11–15)

a) 11,14–15절: 제가 하나님께 얼마나 큰죄를 지었기에 이렇게 무거운 짐을 지어주셨습니까?

b) 12절: 제가 이 백성의 부모라도 됩니까?

c) 13절: 제가 무슨 능력으로 이들의 요구를 들어줄 수 있습니까?

d) 15절: 차라리 저를 죽이십시오.

Tip 모세가 괴로워서 하나님께 부르짖는 내용을 보면 하나님에 대한 실망보다는 은혜를 모를 뿐만 아니라 채워지지 않는 욕심을 가진 백성에 대한 서운함으로 가득 차 있다.

모세가 울부짖는 내용을 요약하면 다음과 같다.

1) 제가 하나님께 얼마나 큰 죄를 지었기에 이렇게 무거운 짐을 지어주셨습니까?(11, 14–15a절)

2) 제가 이 백성의 부모라도 됩니까?(12절)

3) 제가 무슨 능력으로 이들의 요구를 들어줄 수 있습니까?(13절)

4) 차라리 저를 죽이십시오.(15절)

3 모세를 위한 여호와의 위로 방법은 무엇인가?(민 11:16-25)

동역자를 주셨다.

Tip 모세의 탄식과 눈물로 얼룩진 기도를 들으신 하나님이 모세를 측은하게 여기시고 이스라엘 장로와 지도자 중 70명을 선발해 데려오라고 하셨다(16절). 하나님이 모세를 돕는 도우미로 그들을 세워 함께 짐을 지도록 하시겠다는 뜻이다(17절). 그렇게 선출된 장로들을 모세는 장막에 둘러 세웠고(24절), 하나님은 구름 가운데 강림하셔서 70명에게도 영을 내려주셨다(25절). 하나님은 모세에게서 취한 영을 장로들에게 주심으로 모세가 짐으로 여기고 고통스러워하는 일들을 헤아리고 함께 짐을 나누어질 수 있도록 하셨다.

4 엘닷과 메닷의 예언에 대해 모세와 여호수아는 어떻게 서로 다른 반응을 보였는가?(민 11:28-29)

여호수아: 모세에게 이들이 예언하지 못하도록 막으라고 했다.

모세: 하나님이 온 백성에게 영을 주셔서 모든 사람이 예언자가 되었으면 했다.

Tip 어떤 사정인지 모르지만 장로 70명에 선발된 엘닷과 메닷이 성막으로 가지 않고 이스라엘 진에 머물다가 그들에게도 하나님의 영이 임해 잠시나마 예언을 했다(26절). 이 사실을 알게 된 여호수아는 모세에게 이들이 예언하지 못하도록 막으라고 했다(28절). 여호수아는 이스라엘의 리더십이 모세를 통해 제한된 범위와 장소 안에서 장로들에게 연장되어야 한다고 생각했다. 엘닷과 메닷의 경우처럼 모세를 통하지 않고 하나님께 직접 리더십을 받으면 모세의 권위에 도전하게 될 것을 우려해 제재를 가하라고 말한 것이다.

그러나 모세의 생각은 달랐다. 모세는 하나님이 온 백성에게 영을 주셔서 모든 사람이 예언자가 되었으면 하는 바람을 가지고 있었다(29절). 성령의 바람이 온 땅에 불어와 모든 사람을 충만하게 했으면 좋겠다는 생각이었다. 그래야 백성이 하나님의 마음을 알고, 더 열심히 하나님 말씀에 순종할 것이기 때문이다. 모세의 이러한 소망은 훗날 요엘 선지자의 예언에서 성취된다(욜2:28-29).

5 고기를 원하는 이스라엘에 대한 하나님의 해결책은 무엇인가?(민 11:31-32)

바람을 일으켜서 메추라기가 진 주변에 쌓이게 하셨다.

Tip 장로들에게 하나님의 영이 임한 후 메추라기 떼가 이스라엘 진 주변에 내렸다. 하나님이 바람을 일으켜서 바다 쪽으로 메추라기를 몰아 가로와 세로로 하룻길(약 24km) 정도의 지역에 2규빗(약 90cm) 정도의 두께로 쌓이게 하셨다. 오랜만에 고기를 먹게 된 이스라엘이 혈안이 되어 메추라기를 잡아들였다. 적게 잡은 사람이 열 호멜(2,200-3,940리터) 이었다.

*메추라기

- 유럽에서 아프리카로 이동하는 철새
- 봄에는 아프리카에서 유럽으로, 가을에는 유럽에서 아프리카로 이동하는 메추라기가 잠시 여행을 멈추고 쉼
- 최근 엄청난 수의 메추라기들이 정기적으로 시내 광야를 찾음
- 이동 중에 이곳에 잠시 머물며 쉬는 메추라기들은 기진맥진한 상태여서 어려움 없이 쉽게 손으로 잡을 수 있다고 함

V. 적용과 나눔

삶의 내비게이션(적용)

1 이스라엘은 가나안으로 가는 불편할 수밖에 없는 광야 여정에서 계속 불평했다. 가나안으로 향하는 광야 같은 이 세상 삶에서 당신의

가장 큰 불평은 무엇인가?

관찰문제 1번 참고. 이스라엘 백성의 정체성은 그들이 누구라고 말하는 것에 의해 결정되는 것이 아니라 누구를 의지하고 순종하느냐에 따라서 정의된다. 이스라엘 백성은 하나님 선민의 정체성을 잊고, 늘 하나님보다 이집트에서 맛있는 것을 먹었던 것을 더 기억하고 그것만을 고집한다. 각자 평소에 하는 가장 큰 불평은 무엇인지 나누어 본다. 이스라엘 백성과 같이 음식에 대한 불평일 수도 있고 반면 외모(너무 예뻐서/못생겨서)나 키(너무 커서/너무 작아서)에 대한 불만이 클 수도 있다. 각자의 불평이 성경적으로 생각할 때 과연 타당한 요구인가에 대해서도 말해 보도록 한다. 불평을 줄이는 방법에는 무엇이 있는지 서로 피드백을 나누어 본다.

2 하나님은 만나와 메추라기를 보내 주셨지만, 메추라기를 필요 이상 갖고 온 사람을 심판하신다. 왜냐하면 필요 이상을 취하는 것은 욕심이기 때문이다. 당신이 필요 이상으로 욕심부리는 것은 무엇인가?

관찰문제 5번 참고. 이스라엘 백성은 메추라기를 온종일, 그 다음 날 종일토록 거두어들였다. 지나치게 욕심을 부리는 이스라엘 백성에게 하나님은 고기가 아직 이 사이에 있어 씹히기도 전에 큰 재앙으로 치셨다. 예수님도 일용할 양식을 위해 구하셨고(마 6:11), 아굴도 가난하게도 말고, 부하게도 말고 오직 필요한 양식을 주시기를(잠 30:8) 기도했다. 축복이 시험이나 저주가 되는 경우가 있는데, 아굴의 기도는 무조건 축복을 비는 것이 아니라 필요한 것만큼을 구하는 지혜를 갖고 구한다. 우리도 축복을 구하기보다는 주신/주실 축복을 어떻게 효율적으로 활용할 것인가를 구해야 할 것이다. 자신을 돌아보며 필요이상 갖고 싶어하는 것은 무엇이 있는지 이야기를 나누어 보자.

예) 음식, 가방, 모자, 신발, CD, 차, 집, 옷, 명품, 게임, 최신 전자기기, 술 등
왜 그렇게 갖고 싶은지 나누어 보고, 필요 이상의 의미는 무엇인지도 말해 보도록 한다.

3 모세는 리더로서 하나님께 괴로움을 표현하고 있다. 당신은 지도자의 어려움을 어떻게 도와줄 수 있는가?

관찰문제 2번, 4번 참고. 모세는 백성의 불평에 하나님께 괴로움을 호소한다.

하나님은 모세를 위로하고 동역자를 세워서 하나님의 영으로 예언하게 하신다. 70인의 장로가 예언할 때 모세는 여호와의 영이 모든 백성에게 임해 모두 선지자가 되었으면 좋겠다고 한다. 모세를 비롯한 지도자는 성도가 신앙생활을 잘하고 영적으로 충만할 것을 원한다. 각자가 지도자의 어려움을 어떻게 도와줄 수 있는지 이야기를 나누어 본다. 금전적인 도움, 물질적인 도움이 될 수도 있다. 그러나 정작 지도자가 원하는 도움은 성도 한 사람 한 사람이 성경적으로 신앙생활을 잘하고 모두 천국백성이 되는 것이다. 각자가 도움을 줄 수 있는 부분은 무엇인가 생각해보고, 신앙생활을 잘하기 위해 필요한 것은 무엇인가에 대해서도 말하도록 한다.

Ⅵ. 마무리

기도로 마무리한다.
제7주 관찰문제를 예습해 오도록 한다.
실천과제를 제시한다.

생활의 아로마(실천)

예 1) 일주일 동안 생활속에서 불평의 언어를 줄이도록 한다.
2) 리더의 애환을 헤아려 보고 도움을 주도록 한다.
3) 필요 이상 갖고 있는 것을 필요한 사람과 공유하도록 한다.

제7주 반역 II – 축복 포기

민수기 14:1–35

학습목표

1. 원망은 약속을 유업으로 받을 수 없게 한다는 사실을 알 수 있다.
2. 순종과 불순종의 차이는 관점의 차이에서 시작됨을 알 수 있다.

KEYWORD **원망, 포기, 관점의 차이**

Ⅰ. 찬양과 기도

Ⅱ. 지난주 실천 과제 나눔

Ⅲ. 복습문제 풀이

복습

1 이스라엘 자손이 가장 크게 불평한 것은 무엇인가?(민 11:4)

먹을 것에 대한 불평

Ⅳ. 말씀 민수기 14:1–35을 다 함께 읽는다

14:1 온 회중이 소리를 높여 부르짖으며 백성이 밤새도록 통곡하였더라 2 이스라엘 자

손이 다 모세와 아론을 원망하며 온 회중이 그들에게 이르되 우리가 애굽 땅에서 죽었
거나 이 광야에서 죽었으면 좋았을 것을 3 어찌하여 여호와가 우리를 그 땅으로 인도
하여 칼에 쓰러지게 하려 하는가 우리 처자가 사로잡히리니 애굽으로 돌아가는 것이
낫지 아니하랴 4 이에 서로 말하되 우리가 한 지휘관을 세우고 애굽으로 돌아가자 하
매 5 모세와 아론이 이스라엘 자손의 온 회중 앞에서 엎드린지라 6 그 땅을 정탐한 자
중 눈의 아들 여호수아와여분네의 아들 갈렙이 자기들의 옷을 찢고 7 이스라엘 자손의
온 회중에게 말하여 이르되 우리가 두루 다니며 정탐한 땅은 심히 아름다운 땅이라 8
여호와께서 우리를 기뻐하시면 우리를 그 땅으로 인도하여 들이시고 그 땅을 우리에
게 주시리라 이는 과연 젖과 꿀이 흐르는 땅이니라 9 다만 여호와를 거역하지는 말라
또 그 땅 백성을 두려워하지 말라 그들은 우리의 먹이라 그들의 보호자는 그들에게서
떠났고 여호와는 우리와 함께 하시느니라 그들을 두려워하지 말라 하나 10 온 회중이
그들을 돌로 치려 하는데 그 때에 여호와의 영광이 회막에서 이스라엘 모든 자손에게
나타나시니라 11 여호와께서 모세에게 이르시되 이 백성이 어느 때까지 나를 멸시하겠
느냐 내가 그들 중에 많은 이적을 행하였으나 어느 때까지 나를 믿지 않겠느냐 12 내
가 전염병으로 그들을 쳐서 멸하고 네게 그들보다 크고 강한 나라를 이루게 하리라 13
모세가 여호와께 여짜오되애굽인 중에서 주의 능력으로 이 백성을 인도하여 내셨거늘
그리하시면 그들이 듣고 14 이 땅 거주민에게 전하리이다 주 여호와께서 이 백성 중에
계심을 그들도 들었으니 곧 주 여호와께서 대면하여 보이시며 주의 구름이 그들 위에
섰으며 주께서 낮에는 구름 기둥 가운데에서, 밤에는 불 기둥 가운데에서 그들 앞에
행하시는 것이니이다 15 이제 주께서 이 백성을 하나 같이 죽이시면 주의 명성을 들은
여러 나라가 말하여 이르기를 16 여호와가 이 백성에게 주기로 맹세한 땅에 인도할 능
력이 없었으므로 광야에서 죽였다 하리이다 17 이제 구하옵나니 이미 말씀하신 대로
주의 큰 권능을 나타내옵소서 이르시기를 18 여호와는 노하기를 더디하시고 인자가 많
아 죄악과 허물을 사하시나 형벌 받을 자는 결단코 사하지 아니하시고 아버지의 죄악
을 자식에게 갚아 삼사대까지 이르게 하리라 하셨나이다 19 구하옵나니 주의 인자의
광대하심을 따라 이 백성의 죄악을 사하시되 애굽에서부터 지금까지 이 백성을 사하
신 것 같이 사하시옵소서 20 여호와께서 이르시되 내가 네 말대로 사하노라 21 그러나
진실로 내가 살아 있는 것과 여호와의 영광이 온 세계에 충만할 것을 두고 맹세하노니
22 내 영광과 애굽과 광야에서 행한 내 이적을 보고서도 이같이 열 번이나 나를 시험
하고 내 목소리를 청종하지 아니한 그 사람들은 23 내가 그들의 조상들에게 맹세한 땅

을 결단코 보지 못할 것이요 또 나를 멸시하는 사람은 한 사람도 그것을 보지 못하리
라 [24] 그러나 내 종 갈렙은 그 마음이 그들과 달라서 나를 온전히 따랐은즉 그가 갔던
땅으로 내가 그를 인도하여 들이리니 그의 자손이 그 땅을 차지하리라 [25] 아말렉인과
가나안인이 골짜기에 거주하나니 너희는 내일 돌이켜 홍해 길을 따라 광야로 들어갈
지니라 [26] 여호와께서 모세와 아론에게 말씀하여 이르시되 [27] 나를 원망하는 이 악한
회중에게 내가 어느 때까지 참으랴 이스라엘 자손이 나를 향하여 원망하는 바 그 원
망하는 말을 내가 들었노라 [28] 그들에게 이르기를 여호와의 말씀에 내 삶을 두고 맹세
하노라 너희 말이 내 귀에 들린 대로 내가 너희에게 행하리니 [29] 너희 시체가 이 광야
에 엎드러질 것이라 너희 중에서 이십 세 이상으로서 계수된 자 곧 나를 원망한 자 전
부가 [30] 여분네의 아들 갈렙과 눈의 아들 여호수아 외에는 내가 맹세하여 너희에게 살
게 하리라 한 땅에 결단코 들어가지 못하리라 [31] 너희가 사로잡히겠다고 말하던 너희
의 유아들은 내가 인도하여 들이리니 그들은 너희가 싫어하던 땅을 보려니와 [32] 너희
의 시체는 이 광야에 엎드러질 것이요 [33] 너희의 자녀들은 너희 반역한 죄를 지고 너
희의 시체가 광야에서 소멸되기까지 사십 년을 광야에서 방황하는 자가 되리라 [34] 너
희는 그 땅을 정탐한 날 수인 사십 일의 하루를 일 년으로 쳐서 그 사십 년간 너희의
죄악을 담당할지니 너희는 그제서야 내가 싫어하면 어떻게 되는지를 알리라 하셨다
하라 [35] 나 여호와가 말하였거니와 모여 나를 거역하는 이 악한 온 회중에게 내가 반
드시 이같이 행하리니 그들이 이 광야에서 소멸되어 거기서 죽으리라

12장: 세 번째 반역: 모세의 권위에 도전

13장: 네 번째 반역: 약속의 땅을 거부

V. 관찰 문제의 바른 답

말씀 돋보기(관찰)

1 이스라엘 모든 사람이 반역에 동참했음을 강조하기 위한 세 가지 다른 표현과 얼마나 심하게 하나님을 원망했는가를 보여주는 네 가지 다른 표현은 무엇인가?(민 14:1-2)

동참: 온 회중, 백성, [모든] 이스라엘 자손

원망: 소리 높여, 곡하였더라, 원망하여, 이르되[우리가 애굽 땅에서 죽었거나…]

Tip 이스라엘의 모든 사람이 반역에 동참했음을 강조하기 위해 그들을 언급하는데 세 가지 다른 표현을 사용한다. "온 회중", "백성", "[모든] 이스라엘의 자손". 또한 얼마나 심하게 하나님을 원망했는가를 드러내기 위해 사람들의 울부짖음을 네 가지로 표현한다. "소리 높여", "곡하였더라", "원망하여", "이르되 [우리가 애굽 땅에서 죽었거나….]". 이런 관점에서 볼 때 몇 명을 제외하고 이스라엘의 모든 사람이 죽어 마땅한 죄를 범하고 있다.

2 백성의 집단행동에 여호수아와 갈렙은 어떻게 반응했는가?(민 14:7-9)

여호수아와 갈렙은 옷을 찢으며, 임마누엘 하나님이 함께 하시니 두려울 것이 없다고 백성을 설득했다.

Tip 여호수아와 갈렙은 옷을 찢으며 백성을 설득하려 했다(6-9절). 그들의 주장은 "임마누엘 여호와께서 우리와 함께하시는데 무엇이 두렵겠습니까?"였다. 가나안 땅의 부정적인 면만(원주민이 너무 강하고 성읍이 요새화되어 있는 것) 보지 말고 긍정적인 면(젖과 꿀이 흐르는 땅 등)을 보자는 것이다. '이집트를 떠나 이곳까지 온 것도 하나님의 인도하심과 보호하심이 있어 가능했는데, 이제 와서 왜 하나님이 우리를 버리시겠는가'라는 논리도 덧붙이며, 올라가지 않는 것은 오히려 하나님께 반역하는 행위라고 주장한다(9절).

〈이스라엘 : 여호수아, 갈렙의 관점 차이〉

	이스라엘 백성의 관점	여호수아와 갈렙의 관점
가나안 땅	원주민이 너무 강하고 성읍이 요새화되어 있음(13:32)	젖과 꿀이 흐르는 아름다운 땅(14:8)

대적할 상대	이스라엘이 그들의 “메뚜기”(13:33)	그들이 이스라엘의 “밥”(14:9)
주장	이집트로 되돌아가야 한다(14:4)	여호와께서 그 땅을 우리에게 주시리라(14:8)
핵심 믿음	이스라엘은 이길 수 없다(14:3)	여호와께서 함께하심으로 이길 수 있다(14:9)

3 이스라엘의 반역에 하나님은 어떤 결정을 내리시는가?(민 14:11-12)

이스라엘을 전염병으로 모두 멸하고 모세를 통해 새 민족을 시작하기를 원하셨다.

Tip 하나님은 전염병을 보내 이스라엘을 모두 멸하고 모세를 통해 새 민족을 시작하기를 원하셨다(12절). 전염병은 주님이 이미 이집트 사람에게 내린 재앙이었다(출 9:3, 15). 하나님은 불신하는 이스라엘을 이집트 사람처럼 벌하시려는 것이다.

뱉은 말과 행동	이루어진 말
앞으로 나가는 것을 두려워함(14:2-4)	오던 길로 돌아가야 함(14:25)
“광야에서 죽었더라면 좋았을 것”(14:2)	광야에서 죽게 됨(14:28-29, 32)
아론과 모세로 하여금 땅에 엎드리게 함(14:5)	그들의 시체가 광야에서 엎드러짐(14:29, 32)
칼에 맞아 죽을까 두려워함(14:3)	칼에 맞아 죽게 됨(14:43)
자녀들이 광야에서 죽을까 두려워함(14:3)	자신들이 광야에서 죽고 자녀는 가나안 땅을 취하게 됨(14:31-32)

4 모세의 중보기도 내용은 무엇인가?(민 14:13-19)

a) 하나님이 이스라엘을 멸하면 세상의 웃음거리가 되실 것이다(13-16절).

b) 하나님의 진정한 권능은 심판과 오래 참고 용서할 수 없는 자를 용서하시는 것이다(17-18절).

c) 하나님이 이집트에서 지금까지 베푸신 끊임없는 은혜와 자비의 강물이 계속 흘러야 한다(19절).

Tip 모세의 기도는 세 가지 원리에 호소하는 기도이다.

1) 하나님의 명예 - 하나님이 이스라엘을 멸하시면 세상의 웃음거리가 되실 것이다(13-16절).

2) 하나님의 말씀 - 하나님의 진정한 권능은 심판과 오래 참고 용서할 수 없는 자를 용서하시는 것이다(17-18절).

3) 하나님의 신실하심 - 하나님이 이집트에서 지금까지 베푸신 끊임없는 은혜와 자비의 강물이 계속 흘러야 한다(19절).

5 모세의 기도를 들으신 하나님은 심판을 완화해 성인 20세 이상으로 나이를 정한 이유는 무엇인가?(민 14:29, 31-33)

인구조사에 포함된 하나님을 원망한 성인들

Tip 20세 이상된 사람들 중 갈렙과 여호수아를 제외하고 모두 가나안 땅에 들어갈 수 없었으며, 40년의 세월을 광야에서 지내며 객사해야 한다. 성인 20세 이상은 전쟁에 참여할 수 있는 나이로 인구조사에 포함된 인원이다. 전쟁에 나가야 하는 사람이 안 싸우겠다면 직무유기에 해당한다. 이번에도 하나님은 분명 이스라엘을 용서하고 새로운 기회를 주실 것이다. 그러나 한 세대가 모두 죽고, 40년이 지나서야 새로운 기회가 찾아온다. 이제 이스라엘은 40년 동안 광야를 배회해야 한다. 비록 하나님의 용서를 받았지만 이스라엘은 앞으로 40년간 광야에서 지내다 죽는 것으로 자신들의 죄에 대해 책임을 져야 한다.

V. 적용과 나눔

삶의 내비게이션(적용)

1 이스라엘의 광야생활은 많이 불편했을 것이다. 노예에서 자유인으로 가는 광야생활을 불편하지만 참고, 불만보다는 이해를 해야 한다. 그

러나 이스라엘은 늘 이집트의 과거를 추억하며 불평한다. 당신은 현실이 어렵고 힘들 때 과거로 돌아가고 싶은 충동을 느낀 적이 있는가? 있다면 언제인가?

관찰문제 1번 참고. 이스라엘은 입버릇처럼 어려움만 닥치면 이집트를 그리워했다. 어려움 많은 광야생활을 생각하면 불만과 불평을 이해할 수 있다. 그러나 불만과 불평보다 이해와 믿음으로 가는 길이 광야길이다. 현재 힘들어서 그리워지는 과거의 어느 시절에 대해 이야기해 본다. '그때는 참 좋았지'라고 추억할 수 있는 때는 언제인가 서로 말해 보도록 한다. 또는 '결혼 전에는 참 좋았지!', '아이들이 어릴 때가 좋았지!' 이렇게 표현할 수도 있다. 어려운 일이 닥치면 과거에 피우던 담배가 생각날 수 있고, 즐겨 마시던 술이 생각날 수도 있다. 각자의 이야기를 통해 과거의 어느 시점이 왜 그렇게 좋은지에 대해 서로 이야기를 나누어 본다.

---

2 모든 사람이 심판받아 죽게 되었지만, 유일하게 갈렙과 여호수아는 예외였다. 모든 백성이 노(no)라고 할 때 예스(yes)라고 말할 수 있는 용기와 믿음을 가지고 있었기 때문이다. 당신은 언제 그런 용기와 믿음을 발견하는가? 혹은 하고 싶은데 하지 못하는 경우는 어떤 때인가?

관찰문제 1번, 2번 참고. 이스라엘 모든 성인이 심판받아 죽게 되었지만 갈렙과 여호수아는 그중에서 제외된다. 이스라엘 백성의 원망에도 갈렙과 여호수아는 임마누엘의 하나님이 함께하시면 이길 수 있다는 의견을 제시한다. 백성들과 갈렙, 여호수아의 차이는 현실을 바라보는 관점의 차이다. 현실을 바라보는 관점이 단순히 긍정과 부정을 떠나서 하나님의 관점인가 아니면 나의 관점인가에 중점을 두어야 한다. 각자가 모두 "아니오"라고 말할 때 "예"라고 대답하거나 혹은 모두 "예"라고 말할 때 혼자서 "아니오"라고 말할 수 있는 용기가 있는가에 대해 이야기를 나누어 보도록 한다. 그것이 술자리에서 술을 "아니오"라고 말하는 것일 수 있다. 불법을 행하는 자리에서 "아니오"라고 말하는 것일 수도 있다. 모두 회피하는 일을 "예"라고 말하는 것일 수도 있다. 각자가 언제 믿음과 용기를 보여주거나 드러냈는가를 나누고 서로 피드백을 이야기해 보자. 반면에 하고 싶은데 하지 못하는 경우도 있을 텐데, 그때는 언제였는지 나누어 본

다. 인도자는 두 가지 상황 다 있을 수 있다는 것을 알려주고 바른 선택은 무엇인지 스스로 깨닫도록 돕는다.

3 이스라엘 백성이 말한 것이 그대로 이루어져 "말이 씨가 된다"는 속담이 이루어지는 것을 보게 된다. 당신이 바라면서 하나님이 기뻐하실 말에는 무엇이 있는가?

관찰문제 3번 참고. 이스라엘 백성의 불평과 불만의 말들이 그대로 되는 것을 보면서 말한대로 이루어지는 것이 어떻게 보면 무서운 일이라는 것을 알게 된다. 평소에 늘 하던 말이 그대로 결과가 되는 즉, 말이 씨가 되는 것이다. 그렇게 생각하면 우리는 늘 말조심을 하면서 살아야 한다. 마찬가지로 각자 희망적인 말을 한다면 그대로 이루어질 것이다. 물론 하나님이 기뻐하는 일이라면 더욱 행복할 것이다. 각자가 이미 이루어진 말을 떠올리면서 이야기를 나누어 보도록 한다. 평소에 이렇게 이야기했는데 그대로 되었다는 경험을 통해서 기대하는 말로, 좋은 것으로 고쳐볼 수 있다. 바라고 희망의 메시지를 스스로에게 하는 시간을 갖도록 한다. 인도자는 종이를 준비해서 적어 보도록 할 수도 있다. 바라는, 하나님이 기뻐하는 말이 무엇인지 말해 보도록 한다. 또한 그것이 이루어지도록 다 함께 기도하는 시간을 갖는다.

VI. 마무리

기도로 마무리한다.
제8주 관찰문제를 예습해 오도록 한다.
실천과제를 제시한다.

생활의 아로마(실천)

예 1) 일주일 동안 이루어지기를 원하는 일을 말할 때 믿음으로 말하도록 한다.
2) 모세의 기도처럼 세 가지를 강조하며 기도한다.
- 하나님의 명예/ 하나님의 말씀(약속)/ 하나님의 신실하심(과거 은혜 되새기기)

제8주 죽음 – 지도자 심판

민수기 20:1–29

학습목표

1. 영적 리더도 하나님 앞에서는 심판을 받는다.
2. 공개석상에서 잘못된 감정 표출과 불순종은 약속의 유업을 이어받기 어렵게 만든다.

KEYWORD **죽음, 심판, 분노조절**

Ⅰ. 찬양과 기도

Ⅱ. 지난주 실천 과제 나눔

Ⅲ. 복습문제 풀이

복습

1 백성의 집단행동에 여호수아와 갈렙은 어떻게 반응했는가?(민 14:7–9)

여호수아와 갈렙은 옷을 찢으며, 임마누엘 하나님이 함께하시니 두려울 것이 없다고 백성을 설득했다.

Ⅳ. 말씀 민수기 20:1-29을 다 함께 읽는다

20:1 첫째 달에 이스라엘 자손 곧 온 회중이 신 광야에 이르러 백성이 가데스에 이르더
니 미리암이 거기서 죽으매 거기에 장사되니라 [2] 회중이 물이 없으므로 모세와 아론
에게로모여드니라 [3] 백성이 모세와 다투어 말하여 이르되 우리 형제들이 여호와 앞에
서 죽을 때에 우리도 죽었더라면 좋을 뻔하였도다 [4] 너희가 어찌하여 여호와의 회중
을 이 광야로 인도하여 우리와 우리 짐승이 다 여기서 죽게 하느냐 [5] 너희가 어찌하여
우리를 애굽에서 나오게 하여 이 나쁜 곳으로 인도하였느냐 이 곳에는 파종할 곳이 없
고 무화과도 없고 포도도 없고 석류도 없고 마실 물도 없도다 [6] 모세와 아론이 회중
앞을 떠나 회막 문에 이르러 엎드리매 여호와의 영광이 그들에게 나타나며 [7] 여호와께
서 모세에게 말씀하여 이르시되 [8] 지팡이를 가지고 네 형 아론과 함께 회중을 모으고
그들의 목전에서 너희는 반석에게 명령하여 물을 내라 하라 네가 그 반석이 물을 내게
하여 회중과 그들의 짐승에게 마시게 할지니라 [9] 모세가 그 명령대로 여호와 앞에서
지팡이를 잡으니라 [10] 모세와 아론이 회중을 그 반석 앞에 모으고 모세가 그들에게 이
르되 반역한 너희여 들으라 우리가 너희를 위하여 이 반석에서 물을 내랴 하고 [11] 모
세가 그의 손을 들어 그의 지팡이로 반석을 두 번 치니 물이 많이 솟아나오므로 회중
과 그들의 짐승이 마시니라 [12] 여호와께서 모세와 아론에게 이르시되 너희가 나를 믿
지 아니하고 이스라엘 자손의 목전에서 내 거룩함을 나타내지 아니한 고로 너희는 이
회중을 내가 그들에게 준 땅으로 인도하여 들이지 못하리라 하시니라 [13] 이스라엘 자
손이 여호와와 다투었으므로 이를 므리바 물이라 하니라 여호와께서 그들 중에서 그
거룩함을 나타내셨더라 [14] 모세가 가데스에서에돔 왕에게 사신을 보내며 이르되 당신
의 형제 이스라엘의 말에 우리가 당한 모든 고난을 당신도 아시거니와 [15] 우리 조상들
이 애굽으로 내려갔으므로 우리가 애굽에 오래 거주하였더니 애굽인이 우리 조상들
과 우리를 학대하였으므로 [16] 우리가 여호와께 부르짖었더니 우리 소리를 들으시고 천
사를 보내사 우리를 애굽에서 인도하여 내셨나이다 이제 우리가 당신의 변방 모퉁이
한 성읍 가데스에 있사오니 [17] 청하건대 우리에게 당신의 땅을 지나가게 하소서 우리
가 밭으로나 포도원으로 지나가지 아니하고 우물물도 마시지 아니하고 왕의 큰길로만
지나가고 당신의 지경에서 나가기까지 왼쪽으로나 오른쪽으로나 치우치지 아니하리
이다 한다고 하라 하였더니 [18] 에돔 왕이 대답하되 너는 우리 가운데로 지나가지 못하
리라 내가 칼을 들고 나아가 너를 대적할까 하노라 [19] 이스라엘 자손이 이르되 우리가

큰길로만 지나가겠고 우리나 우리 짐승이 당신의 물을 마시면 그 값을 낼 것이라 우
리가 도보로 지나갈 뿐인즉 아무 일도 없으리이다 하나 [20] 그는 이르되 너는 지나가지
못하리라 하고 에돔 왕이 많은 백성을 거느리고 나와서 강한 손으로 막으니 [21] 에돔
왕이 이같이 이스라엘이 그의 영토로 지나감을 용납하지 아니하므로 이스라엘이 그
들에게서 돌이키니라 [22] 이스라엘 자손 곧 온 회중이 가데스를 떠나 호르 산에 이르렀
더니 [23] 여호와께서 에돔 땅 변경 호르 산에서 모세와 아론에게 말씀하시니라 이르시
되 [24] 아론은 그 조상들에게로 돌아가고 내가 이스라엘 자손에게 준 땅에는 들어가지
못하리니 이는 너희가 므리바 물에서 내 말을 거역한 까닭이니라 [25] 너는 아론과 그의
아들 엘르아살을 데리고 호르 산에 올라 [26] 아론의 옷을 벗겨 그의 아들 엘르아살에게
입히라 아론은 거기서 죽어 그 조상에게로 돌아가리라 [27] 모세가 여호와의 명령을 따
라 그들과 함께 회중의 목전에서 호르 산에 오르니라 [28] 모세가 아론의 옷을 벗겨 그
의 아들 엘르아살에게 입히매 아론이 그 산 꼭대기에서 죽으니라 모세와 엘르아살이
산에서 내려오니 [29] 온 회중 곧 이스라엘 온 족속이 아론이 죽은 것을 보고 그를 위하
여 삼십 일 동안 애곡하였더라

15장: 충성과 불충에 대한 규례와 이야기

16장: 고라가 중심이 되어 모세의 권위에 도전

17장: 싹튼 아론의 지팡이

18장: 제사장과 레위 사람들의 의무와 몫

19장: 시체 오염에 관한 규례

V. 관찰 문제의 바른 답

말씀 돋보기(관찰)

1 첫째 달 이스라엘이 가데스에 도착한 후 일어난 일은 무엇인가?(민 20:1)

미리암의 죽음

Tip 이스라엘 온 백성이 신 광야의 일부인 가데스에 도착한 후 미리암이 죽었다. 그녀의 죽음은 매우 중요한 상징성을 지닌다. 출애굽 이야기가 시작될 때 그녀는 바구니에 실려 떠내려가던 모세의 구원자였다(출 2:1-10). 이스라엘이 홍해를 건넜을 때, 여선지자로서 온 이스라엘 백성의 찬양을 주도했다(출 15:20-21). 또한 이스라엘의 3대 지도자 중 하나였다.

2 물이 없다고 불평하는 백성에게 하나님의 명령은 무엇이었으며, 모세와 아론은 어떻게 실천하였는가?(민 20:8-11)

하나님의 명령(8절): 바위에게 명령하라.

모세와 아론의 실천(11절): 지팡이로 바위를 두 번 내리쳤다.

Tip 백성의 불만을 정당한 요구라고 여기신 하나님은 지팡이를 가지고 가서 온 백성이 보는 앞에서 바위에게 물을 내라고 명령하신다. 그렇게 되면 그 바위가 물을 내서 온 백성과 가축이 물을 마실 수 있게 될 것이라고 말씀하셨다(8절).

그러나 화가 난 모세는 하나님의 명령하신 것의 일부만 수행했다. 모세는 사람들을 바위 앞에 모아 놓고 야단을 쳤다. "반역한 너희여!"(10절; cf 17:10)라며 모세는 들고 있던 지팡이로 바위를 두 번 내리쳤다. 하나님은 바위에게 말만 하라고 하셨는데 모세는 들고 있던 지팡이로 바위를 두 번 내리친 것이다(11절).

3 모세와 아론이 가나안에 입성하지 못하게 된 이유는 무엇인가?(민 20:12)

하나님을 믿지 않고 거룩함을 나타내지 않았기 때문에

Tip 순종의 모범을 보여주어야 할 모세와 아론이 온 백성 앞에서 하나님을 믿지 않고 거룩함을 나타내지 않았기에 불순종에 대한 대가를 치러야 한다. 모세가 백성의 정당한 요구에 화를 낸 것도, 기적이 마치 자기가 이룬 일처럼 말한 것도, 공개적으로 하나님 말씀을 거역한 것도 죄이다. 그래서 하나님은 모세에게 가나안 땅에 들어갈 수 없는 심판을 내리셨다(12절).

〈모세와 아론의 구체적 잘못〉

잘못	본문	증거
공개석상	이스라엘 자손의 목전에게 (20:12)	사적인 불순종은 용서하심 (11:22)
개인적 믿음	너희가 나를 믿지 아니하고 (20:12)	명령만 하라고 하셨는데 바위를 내리침(20:12)
잘못된 증명	내 거룩함을 나타내지 아니하고(20:12)	우리가 너희를 위하여 이 반석에서 물을 내랴(20:10)
잘못된 감정표출	지팡이로 반석을 두 번 치고 (20:11)	반석에 명령하라(20:8)

4 에돔이 이스라엘의 통과를 두 번이나 거부하자 모세는 어떤 선택을 하는가?(민 20:21)

에돔 땅을 돌아가는 길을 선택

Tip 당시 국제관례에 따라 모세는 에돔 왕에게 사신을 통해 외교 편지를 보내어 에돔 땅을 지나갈 수 있도록 허락을 구했다. 그러나 에돔 왕의 대답은 이스라엘은 절대 에돔 땅을 지날 수 없다는 것이었다(18절). 모세가 다시 한번 편지를 보내 부탁했지만(19절), 에돔 왕은 완고했다. 뿐만 아니라 이스라엘이 에돔 땅을 지날 것을 대비해 군대를 모아 이끌고 나왔다(20절). 모세는 수적으로 월등히 우세한 이스라엘 군대로 충분히 에돔 군대를 상대로 이길 수 있었다. 그러나 모세는 그들과 싸우기보다는 에돔 땅을 돌아가는 길을 선택했다(21절). 이스라엘(야곱의 후손)이 약속의 땅을 정복하기 전에 형제 나라(에서의 후손)와 싸우는 것은 옳지 않다고 생각했기 때문이다.

5 아론이 약속의 땅에 들어가지 못하고 호르 산에서 죽은 이유는 무엇인가?(민 20:24)

므리바에서 하나님을 거역했기 때문에

Tip 하나님은 아론이 약속의 땅에 들어가지 못하게 된 이유를 므리바 샘에서 하나님을 거역한 일 때문이라고 말씀하신다(24절). 물을 내기 위해 바위에게 말하지 않고, 내리친 일을 두고 하신 말씀이다(20:9–13). 아론은 이스라엘이 이집트를 떠난 지 40년이 되던 해 다섯째 달 초하루(33:38)에 그 조상에게로 돌아갔다. 이때 아론의 나이는 123세였다(33:39). 보통 애곡은 7일 동안 진행되는데 아론의 애곡은 30일 동안 지속되었다.

V. 적용과 나눔

삶의 내비게이션(적용)

1 모세는 화가 나서 하나님의 지시사항을 정확히 따르지 않았고, 결과적으로 가나안 땅에 들어가지 못했다. 당신이 과거에 화(분노)를 조절하지 못해 후회한 일은 무엇이 있는가?

관찰문제 2번, 3번 참고. 모세는 하나님의 명령을 지키는 듯했지만 백성을 향해 화를 내며 마치 화가 날 때 뭔가를 치는 것처럼 바위를 내리쳤다. 화가 난 모세가 상황에 부적절한 감정을 개입시킨 것이다. 하나님은 바위에게 말하라고 지시하셨는데, 모세는 오히려 백성에게 말한다. 모세는 마치 자신과 아론이 이 기적을 이룬 것처럼 말하고 있다. 물론 분노와 좌절감으로 가득 찬 모세가 화가 나서 내뱉은 말이지만 하나님의 정확한 지시를 따르지 않았기에 결과적으로 하나님께 영광을 돌리지 않았다. 각자 과거에 화(분노)를 조절하지 못한 경험을 나누어 보도록 한다. 화를 참지 못해 가족이나 주변인과 다툼할 수도 있고, 물건을 파손시킬 수도 있다. 그로 인해 관계가 완전히 깨어지는 경우도 있다. 각자 경험을 이야기하면서 깨달은 것을 나누어 보도록 한다.

2 미리암, 아론, 모세의 인생은 모두 죽음을 맞이한다. 우리도 언젠가는 죽는다. 당신은 어떤 사람으로 기억되고 평가되기를 원하는가?

관찰문제 1번, 5번 참고. 가데스에 도착한 후 미리암이 죽었다. 그녀는 이스라엘의 3대 지도자 중의 하나였다. 아론은 가데스를 떠나 호르 산에 이르러 죽었다. 아론은 이스라엘의 첫 번째 대제사장으로 그의 죽음은 곧 이스라엘의 광야생활이 끝났음을 시사한다. 사람은 누구나 죽는다. 각자가 가족과 지인에게 어떤 사람으로 기억되고 평가되기를 원하는지 이야기해 보도록 한다. 그리고 그 말을 듣기 위해 어떤 삶을 살아야 하는가도 나누어 보도록 한다.

3 하나님은 모든 족속에게 땅을 주셨다. 죄가 그 땅에 가득 차기 전까지는 그 땅을 유지할 수 있다. 그러므로 타인의 영역을 존중해야 한다. 당신은 타인의 것을 어떻게 인정하고 존중하고 있는가?

관찰문제 4번 참고. 모세는 에돔 땅을 지나는 대신 돌아가는 길을 택한다. 그 이유는 아직 에돔 땅에 죄가 차지 않아 하나님이 에돔에게 허락하신 땅이기 때문이다. 수적으로 우세한 이스라엘 군대로 충분히 싸워 이길 수 있으나 모세는 싸우기보다는 에돔 땅을 돌아가는 길을 선택했다. 각자 타인의 것을 인정하고 존중하고 있는지 나누어 보도록 한다. 타인의 소유로는 물적, 지적 재산권과 권리가 있다. 저작권이 있는 음악을 사용하면 만든 이에게 돈을 지불하는 것이 마땅하다. 또는 타인이 잘되는 것을 인정할 수 있어야 하는데 비방할 수도 있다. 모세의 정중한 요구에도 에돔 왕은 단호히 거절한 것을 보면, 내 의도에는 좋아도 타인에겐 좋은 것이 아니므로 타인의 의견을 존중해야 한다. 타인의 것을 잘 인정한다고 하지만 정작 현실에서는 그렇지 못한 경우가 많다. 각자의 이야기를 나누어 보도록 한다. 인도자는 타인이 아닌 나의 입장에서 이것만은 인정해 주고 존중해 주기를 바라는 것으로 질문할 수 있다. 이처럼 처지 바꾸어 생각해 보는 방법도 있다. 타인뿐만 아니라 가족의 것도 존중해야 하는 부분에 대해서도 이야기를 나누어 보도록 한다.

Ⅵ. 마무리

기도로 마무리한다.
제9주 관찰문제를 예습해 오도록 한다.
실천과제를 제시한다.

생활의 아로마(실천)

예 1) 다른 사람의 거부를 인정하도록 한다(받아들인다).

2) 분노 조절의 심각성을 인정하고 건강한 감정조절 능력을 훈련하도록 한다.

제9주 발람 – 나귀보다 못한 자

민수기 22:1–35

학습목표

1. 누군가는 보는 것을, 누군가는 보지 못할 수 있다.
2. 욕심이 눈을 어둡게 한다는 사실을 알 수 있다.

KEYWORD **저주, 욕심, 항변**

Ⅰ. 찬양과 기도

Ⅱ. 지난주 실천 과제 나눔

Ⅲ. 복습문제 풀이

복습

1 모세와 아론이 가나안에 입성하지 못하게 된 이유는 무엇인가?(민 20:12)

하나님을 믿지 않고 거룩함을 나타내지 않았기 때문에

Ⅳ. 말씀 민수기 22:1-35을 다 함께 읽는다

22:1 이스라엘 자손이 또 길을 떠나 모압 평지에 진을 쳤으니 요단 건너편 곧 여리고
맞은편이더라 2 십볼의 아들 발락이 이스라엘이 아모리인에게 행한 모든 일을 보았으
므로 3 모압이 심히 두려워하였으니 이스라엘 백성이 많음으로 말미암아 모압이 이스
라엘 자손 때문에 번민하더라 4 미디안 장로들에게 이르되 이제 이 무리가 소가 밭의
풀을 뜯어먹음 같이 우리 사방에 있는 것을 다 뜯어먹으리로다 하니 그 때에 십볼의
아들 발락이모압 왕이었더라 5 그가 사신을 브올의 아들 발람의 고향인 강 가 브돌에
보내어 발람을 부르게 하여 이르되 보라 한 민족이 애굽에서 나왔는데 그들이 지면에
덮여서 우리 맞은편에 거주하였고 6 우리보다 강하니 청하건대 와서 나를 위하여 이
백성을 저주하라 내가 혹 그들을 쳐서 이겨 이 땅에서 몰아내리라 그대가 복을 비는
자는 복을 받고 저주하는 자는 저주를 받을 줄을 내가 앎이니라 7 모압 장로들과 미디
안 장로들이 손에 복채를 가지고 떠나 발람에게 이르러 발락의 말을 그에게 전하매 8
발람이 그들에게 이르되 이 밤에 여기서 유숙하라 여호와께서 내게 이르시는 대로 너
희에게 대답하리라 모압 귀족들이 발람에게서유숙하니라 9 하나님이 발람에게 임하여
말씀하시되 너와 함께 있는 이 사람들이 누구냐 10 발람이 하나님께 아뢰되 모압 왕
십볼의 아들 발락이 내게 보낸 자들이니이다 이르기를 11 보라 애굽에서 나온 민족이
지면에 덮였으니 이제 와서 나를 위하여 그들을 저주하라 내가 혹 그들을 쳐서 몰아낼
수 있으리라 하나이다 12 하나님이 발람에게 이르시되 너는 그들과 함께 가지도 말고
그 백성을 저주하지도 말라 그들은 복을 받은 자들이니라 13 발람이 아침에 일어나서
발락의 귀족들에게 이르되 너희는 너희의 땅으로 돌아가라 여호와께서 내가 너희와
함께 가기를 허락하지 아니하시느니라 14 모압 귀족들이 일어나 발락에게로 가서 전하
되 발람이 우리와 함께 오기를 거절하더이다 15 발락이 다시 그들보다 더 높은 고관들
을 더 많이 보내매 16 그들이 발람에게로 나아가서 그에게 이르되 십볼의 아들 발락의
말씀에 청하건대 아무것에도 거리끼지 말고 내게로 오라 17 내가 그대를 높여 크게 존
귀하게 하고 그대가 내게 말하는 것은 무엇이든지 시행하리니 청하건대 와서 나를 위
하여 이 백성을 저주하라 하시더이다 18 발람이발락의 신하들에게 대답하여 이르되 발
락이 그 집에 가득한 은금을 내게 줄지라도 내가 능히 여호와 내 하나님의 말씀을 어
겨 덜하거나 더하지 못하겠노라 19 그런즉 이제 너희도 이 밤에 여기서 유숙하라 여호
와께서 내게 무슨 말씀을 더하실는지 알아보리라 20 밤에 하나님이 발람에게 임하여

이르시되 그 사람들이 너를 부르러 왔거든 일어나 함께 가라 그러나 내가 네게 이르
는 말만 준행할지니라 21 발람이 아침에 일어나서 자기 나귀에 안장을 지우고 모압 고
관들과 함께 가니 22 그가 감으로 말미암아 하나님이 진노하시므로 여호와의 사자가
그를 막으려고 길에 서니라 발람은 자기 나귀를 탔고 그의 두 종은 그와 함께 있더니
23 나귀가 여호와의 사자가 칼을 빼어 손에 들고 길에 선 것을 보고 길에서 벗어나 밭
으로 들어간지라발람이 나귀를 길로 돌이키려고 채찍질하니 24 여호와의 사자는 포도
원 사이 좁은 길에 섰고 좌우에는 담이 있더라 25 나귀가 여호와의 사자를 보고 몸을
담에 대고 발람의 발을 그 담에 짓누르매 발람이 다시 채찍질하니 26 여호와의 사자
가 더 나아가서 좌우로 피할 데 없는 좁은 곳에 선지라 27 나귀가 여호와의 사자를 보
고 발람 밑에 엎드리니 발람이 노하여 자기 지팡이로 나귀를 때리는지라 28 여호와께
서 나귀 입을 여시니 발람에게 이르되 내가 당신에게 무엇을 하였기에 나를 이같이 세
번을 때리느냐 29 발람이 나귀에게 말하되 네가 나를 거역하기 때문이니 내 손에 칼
이 있었더면 곧 너를 죽였으리라 30 나귀가 발람에게 이르되 나는 당신이 오늘까지 당
신의 일생 동안 탄 나귀가 아니냐 내가 언제 당신에게 이같이 하는 버릇이 있었더냐
그가 말하되 없었느니라 31 그 때에 여호와께서 발람의 눈을 밝히시매 여호와의 사자
가 손에 칼을 빼들고 길에 선 것을 그가 보고 머리를 숙이고 엎드리니 32 여호와의 사
자가 그에게 이르되 너는 어찌하여 네 나귀를 이같이 세 번 때렸느냐 보라 내 앞에서
네 길이 사악하므로 내가 너를 막으려고 나왔더니 33 나귀가 나를 보고 이같이 세 번
을 돌이켜 내 앞에서 피하였느니라 나귀가 만일 돌이켜 나를 피하지 아니하였더면 내
가 벌써 너를 죽이고 나귀는 살렸으리라 34 발람이 여호와의 사자에게 말하되 내가 범
죄하였나이다 당신이 나를 막으려고 길에 서신 줄을 내가 알지 못하였나이다 당신이
이를 기뻐하지 아니하시면 나는 돌아가겠나이다 35 여호와의 사자가 발람에게 이르되
그 사람들과 함께 가라 내가 네게 이르는 말만 말할지니라 발람이발락의 고관들과 함
께 가니라

21장: 모압 영토와 요단 강 동편에서의 승리

V. 관찰 문제의 바른 답

말씀 돋보기(관찰)

1 발락이 이스라엘에 대한 두려움을 갖게 된 두 가지 이유는 무엇인가?(민 22:2-5)

아모리 왕을 상대로 한 전쟁을 통해 드러난 이스라엘의 전쟁 능력
많은 이스라엘의 수

Tip 발락의 이스라엘에 대한 두려움은 크게 두 가지였다. 1) 아모리 왕(시혼과 옥)을 상대로 한 전쟁에서 드러난 이스라엘의 전쟁 능력, 2) [메뚜기 떼같이 많은] 이스라엘의 수(5b절).

이스라엘이 가나안 입성을 앞두고 모압 평지에 도착하니 모압 왕 십볼의 아들 발락이 두려움에 떨었다. 하나님은 모압 땅을 이스라엘에게 줄 생각이 없으셨다(신 2:9). 그럼에도 불구하고 모압은 이스라엘을 두려워한다. 이스라엘의 구원과 출애굽 이야기는 모든 나라를 두렵게 했고(신 2:25), 최근 모압 북쪽을 지배한 아모리 왕 시혼과 옥이(21:21-35) 이스라엘과 싸워서 패배한 일은 모압 사람을 더욱 두렵게 했다.

2 미디안은 이스라엘의 파괴력을 어떻게 표현하고 있는가?(민 22:4)

소가 밭의 풀을 뜯어먹음 같다.

Tip 이스라엘의 파괴력을 "소가 밭의 풀을 뜯어먹음같이"로 비유한다(4절). 이스라엘을 소로 비유하는 것은 주의 백성이 소처럼 강인하고 힘이 세다는 의미이다. 또한 이스라엘의 인구수, 하나님이 모압 땅을 이스라엘에게 주지 않을 거라는 사실을 모압 사람이 모르는 점을 감안하면, 모압 땅을 지나갈 이스라엘이 마치 "소가 들판의 풀을 뜯어먹음 같다"라는 표현이 적절하다.

3 발락이 도움을 청한 발람은 어떤 사람이며, 발람의 기도에 하나님은

어떻게 응답하셨는가?(민 22:6, 12, 20)

점쟁이

a) 그들과 함께 가지 말고, 그 백성을 저주하지도 말라.

b) 함께 가라 그러나 내가 네게 하는 말만 전하라.

Tip 무력 충돌로는 도저히 이스라엘을 이길 수 없다고 생각한 발락은 발람이라는 브돌의 점쟁이의 힘을 빌리기로 했다(6절). '저주 전문가'인 이 점쟁이의 저주로 이스라엘을 몰아내겠다는 것이었다. 발락은 만일 발람이 저주하면 모압이 충분히 이스라엘을 이길 수 있다고 확신했다. 마지막으로 발람의 능력을 인정하는 말을 곁들였다. "그대가 복을 비는 자는 복을 받고 저주하는 자는 저주를 받을 줄을 내가 알고 있습니다."

* 발람

- 성경은 한 번도 그를 '선지자'라는 호칭으로 부르지 않는다.
- "점술가/점쟁이"(수 13:22)일 뿐이다.
- 예언자이지만 전적으로 여호와 하나님만 섬기는 사람은 아닌 사이비 예언자
- 다신주의자(23:1)

하나님은 평소에는 상대하지 않을 다신주의자를 자신의 뜻을 펼치는데 사용하기로 작정하셨다. 발락의 사신을 맞이한 발람이 하나님께 기도하자 하나님은 발람에게 오셔서 그들과 함께 모압으로 가지 말며, 그들이 말하는 이집트에서 나온 민족은 복을 받은 백성이라고 말씀하셨다(12절). 다시 방문한 발락의 사신들에게 그날 밤에 여호와께서 발람에게 오셔서 그들과 함께 가라고 하셨다. 그리고 "내가 네게 이르는 말만 하도록 하여라"라는 조건을 제시하셨다(20절).

4 발람이 발락에게 가는 길에 나귀가 길에서 벗어나 밭으로 들어간 이유는 무엇인가?(민 22:23)

칼을 들고 서 있는 여호와의 사자를 보았기 때문에

Tip 나귀가 여호와의 사자가 칼을 빼들고 길에 선 것을 보고 길에서 벗어나

밭으로 들어갔다. 진노하신 하나님이 천사를 보내 발람의 대적자가 되게 해 그의 길을 가로막게 하셨다. 발람은 두 종을 거느리고 있었는데, 오직 발람이 타고 있던 나귀만 천사를 보고 길을 벗어나 밭으로 들어갔다. 천사가 길에 세 차례 서 있었고(22, 24, 26절), 나귀는 길에 서 있는 천사를 세 차례나 보았다(23, 25, 27절). 발람은 나귀를 세 차례나 때렸다(23, 25, 27절). 그러고 나자 하나님이 나귀의 입을 열어 주고, 발람의 눈을 열어 칼을 빼든 천사가 길을 막고 있는 것을 보게 하셨다.

5 나귀가 입을 열어 화를 낸 이유는 무엇인가?(민 22:30)

한 번도 주인을 거역한 적이 없어서

Tip 나귀는 "과거에 내가 이런 적이 있습니까?"하며 주인의 뜻을 거역한 적이 없음에 대해 항의했다. 발람은 "없었다"며 나귀의 지난날의 충성을 인정했다(30절). 발람처럼 징조와 이상을 읽고, 받는 사람들은 짐승이 평소와 달리 이상하게 행동하면 무언가가 있다는 것을 알아차려야 한다. 그런데 그는 나귀의 비정상적인 행동에 대하여 화를 낼 뿐, 전혀 주의하지 않았다. 한마디로, 발람은 분별력이 나귀만도 못한 자이다.

성경에서 말하는 짐승 – 아담과 하와를 유혹한 뱀(창 3장), 발람의 나귀(민 22장)

V. 적용과 나눔

삶의 내비게이션(적용)

1 모압의 왕 발락은 위기에 처했다고 생각하자 점쟁이를 찾아간다. 당신은 위기나 어려운 일을 당했을 때 누구를 찾아갔는가?

관찰문제 3번 참고. 모압 왕은 이스라엘의 위협에(전혀 느낄 필요가 없는) 점쟁이를 찾아 나선다. 각자가 어려운 일이 닥치면 누구를 찾아가는지 이야기를 나누어 보도록 한다. 크리스천이라고 하지만 큰일을 앞두면 점쟁이를 찾아가는 사람이 있다. 심지어는 굿을 하는 경우도 있다. 어려운 일이 생기면 부모님을 찾아갈 수도 있다. 과거에는 부모님을 찾아갔지만 이제는 위기의 순간에 친구를 찾아가 도움을 청할 수도 있다. 혹은 혼자서 속앓이를 할 수도 있다. 하나님을 찾아가 기도할 수도 있다. 인도자는 각자 어떻게 하는지 나누어 보고, 가장 좋은 만남에 대해서도 피드백을 나누어 보도록 한다.

2 하나님은 발람이 발락에게 가는 것을 막았다. 그러나 계속해서 재촉하며 발락에게 가기를 원하자 하나님은 조건을 붙여 발락에게 가는 것을 허락하셨다. 당신이 하나님의 뜻을 알면서도 우기고 있는 것은 무엇인가?

관찰문제 3번 참고. 하나님은 이미 발람에게 가지 말라고 말씀하셨다. 그러나 발람은 재물에 눈이 어두워서 다시 하나님께 구하고 있다. 다음날 발람이 길을 나서는 것을 보고 크게 노하시는 것을 보면 하나님이 마음을 바꾸신 것이 아니다(22절). 이미 발람에게 가서는 안 된다고 하셨는데(12절) 다시 하나님의 눈치를 살피는 그에게 하나님은 "내가 네게 하는 말만 하도록 하여라"라는 조건을 제시하신다. 우리도 안 된다는 것을 알면서도 계속해서 구하는 경우가 있다. 각자 하나님 뜻이 아니라는 것을 알면서도, 혹은 성경적인 것이 아니라는 것을 알면서도 계속 우기고 있는 것은 무엇이 있는지 이야기를 나누어 보도록 한다.

예) 나만 응답받은 결혼 상대
남들은 꿈이라는 사업구상
토플성적이 안 되는데도 고집하는 유학
자질이 부족한데도 떠나고 싶은 선교

3 나귀는 충성되고 성실한 삶을 자신 있게 이야기했다. 당신도 자신 있게 이야기하려면 어떤 부분을 고쳐야 하는가?

관찰문제 5번 참고. 나귀는 자신을 세 번이나 때리는 발람을 향해 자신 있게 항변한다. 지금까지 한 번도 주인의 뜻을 어긴 일이 없음을 말한다. 나귀는 위험을 보고 가는 길을 멈추었는데, 돈에 눈이 어두운 발람은 마치 불 속으로 뛰어드는 나방처럼 죽음의 길을 재촉한다. 각자가 자신의 삶을 돌아보는 시간을 갖도록 한다. 과연 나귀처럼 자신 있게 말할 수 있는 부분은 무엇인가 생각해보고 말해 보는 시간을 갖도록 한다. 그리고 자신 있게 이야기할 수 있는 삶을 살기 위해 고쳐야 할 부분에는 무엇이 있는지 나누어 보도록 한다.

Ⅵ. 마무리

기도로 마무리한다.
제10주 관찰문제를 예습해 오도록 한다.
실천과제를 제시한다.

생활의 아로마(실천)

예 1) 일주일 동안 하나님의 관점에서 모든 생활을 보도록 한다.
- 하나님의 말씀대로 살기

2) 충성되고 성실한 면에서 부족한 부분을 찾아 고치도록 한다.

제10주 새 출발 – 다시 세어보기

민수기 26:1–51

학습목표

1. 한 번 약속하신 것은 반드시 지키시는 하나님을 알 수 있다.
2. 한결같은 사랑으로 보호하시는 하나님을 알 수 있다.

KEYWORD **약속, 신실, 보존**

Ⅰ. 찬양과 기도

Ⅱ. 지난주 실천 과제 나눔

Ⅲ. 복습문제 풀이

복습

1 발람이 발락에게 가는 길에 나귀가 길에서 벗어나 밭으로 들어간 이유는 무엇인가?(민 22:23)

칼을 들고 서 있는 여호와의 사자를 보았기 때문에

Ⅳ. 말씀 민수기 26:1-51을 다 함께 읽는다

26:1 염병 후에 여호와께서 모세와 제사장 아론의 아들 엘르아살에게 말씀하여 이르시
되 2 이스라엘 자손의 온 회중의 총수를 그들의 조상의 가문을 따라 조사하되 이스라
엘 중에 이십 세 이상으로 능히 전쟁에 나갈 만한 모든 자를 계수하라 하시니 3 모세
와 제사장 엘르아살이 여리고 맞은편 요단 가 모압 평지에서 그들에게 전하여 이르되
4 여호와께서 애굽 땅에서 나온 모세와 이스라엘 자손에게 명령하신 대로 너희는 이
십 세 이상 된 자를 계수하라 하니라 5 이스라엘의 장자는 르우벤이라르우벤 자손은
하녹에게서 난 하녹 종족과 발루에게서 난 발루 종족과 6 헤스론에게서 난 헤스론 종
족과 갈미에게서 난 갈미 종족이니 7 이는 르우벤 종족들이라 계수된 자가 사만 삼천
칠백삼십 명이었더라 8 발루의 아들은 엘리압이요 9 엘리압의 아들은 느무엘과 다단
과 아비람이라 이 다단과 아비람은 회중 가운데서 부름을 받은 자들이니 고라의 무리
에 들어가서 모세와 아론을 거슬러 여호와께 반역할 때에 10 땅이 그 입을 벌려서 그
무리와 고라를 삼키매 그들이 죽었고 당시에 불이 이백오십 명을 삼켜 징표가 되게 하
였으나 11 고라의 아들들은 죽지 아니하였더라 12 시므온 자손의 종족들은 이러하니 느
무엘에게서 난 느무엘 종족과 야민에게서 난 야민 종족과 야긴에게서 난 야긴 종족과
13 세라에게서 난 세라 종족과 사울에게서 난 사울 종족이라 14 이는 시므온의 종족들
이니 계수된 자가 이만 이천이백 명이었더라 15 갓 자손의 종족들은 이러하니 스본에
게서 난 스본 종족과 학기에게서 난 학기 종족과 수니에게서 난 수니 종족과 16 오스
니에게서 난 오스니 종족과 에리에게서 난 에리 종족과 17 아롯에게서 난 아롯 종족과
아렐리에게서 난 아렐리 종족이라 18 이는 갓 자손의 종족들이니 계수된 자가 사만 오
백 명이었더라 19 유다의 아들들은 에르와오난이라 이 에르와오난은 가나안 땅에서 죽
었고 20 유다 자손의 종족들은 이러하니 셀라에게서 난 셀라 종족과 베레스에게서 난
베레스 종족과 세라에게서 난 세라 종족이며 21 또 베레스 자손은 이러하니 헤스론에
게서 난 헤스론 종족과 하물에게서 난 하물 종족이라 22 이는 유다 종족들이니 계수
된 자가 칠만 육천오백 명이었더라 23 잇사갈 자손의 종족들은 이러하니 돌라에게서
난 돌라 종족과 부와에게서 난 부니 종족과 24 야숩에게서 난 야숩 종족과 시므론에게
서 난 시므론 종족이라 25 이는 잇사갈 종족들이니 계수된 자가 육만 사천삼백 명이었
더라 26 스불론 자손의 종족들은 이러하니 세렛에게서 난 세렛 종족과 엘론에게서 난
엘론 종족과 얄르엘에게서 난 얄르엘 종족이라 27 이는 스불론 종족들이니 계수된 자

가 육만 오백 명이었더라 [28] 요셉의 아들들의 종족들은 므낫세와에브라임이요 [29] 므낫
세의 자손 중 마길에게서 난 자손은 마길 종족이라 마길이길르앗을 낳았고 길르앗에
게서 난 자손은 길르앗 종족이라 [30] 길르앗 자손은 이러하니 이에셀에게서 난 이에셀
종족과 헬렉에게서 난 헬렉 종족과 [31] 아스리엘에게서 난 아스리엘 종족과 세겜에게
서 난 세겜 종족과 [32] 스미다에게서 난 스미다 종족과 헤벨에게서 난 헤벨 종족이며 [33]
헤벨의 아들 슬로브핫은 아들이 없고 딸뿐이라 그 딸의 이름은 말라와 노아와호글라
와밀가와디르사니 [34] 이는 므낫세의 종족들이라 계수된 자가 오만 이천칠백 명이었더
라 [35] 에브라임 자손의 종족들은 이러하니 수델라에게서 난 수델라 종족과 베겔에게
서 난 베겔 종족과 다한에게서 난 다한 종족이며 [36] 수델라 자손은 이러하니 에란에게
서 난 에란 종족이라 [37] 이는 에브라임 자손의 종족들이니 계수된 자가 삼만 이천오백
명이라 이상은 그 종족을 따른 요셉 자손이었더라 [38] 베냐민 자손의 종족들은 이러하
니 벨라에게서 난 벨라 종족과 아스벨에게서 난 아스벨 종족과 아히람에게서 난 아히
람 종족과 [39] 스부밤에게서 난 스부밤 종족과 후밤에게서 난 후밤 종족이며 [40] 벨라의
아들들은 아릇과나아만이라아릇에게서아릇 종족과 나아만에게서 나아만 종족이 났으
니 [41] 이는 그들의 종족을 따른 베냐민 자손이라 계수된 자가 사만 오천육백 명이었더
라 [42] 단 자손의 종족들은 이러하니라 수함에게서수함 종족이 났으니 이는 그들의 종
족을 따른 단 종족들이라 [43] 수함 모든 종족의 계수된 자가 육만 사천사백 명이었더라
[44] 아셀 자손의 종족들은 이러하니 임나에게서 난 임나 종족과 이스위에게서 난 이스
위 종족과 브리아에게서 난 브리아 종족이며 [45] 브리아의 자손 중 헤벨에게서 난 헤벨
종족과 말기엘에게서 난 말기엘 종족이며 [46] 아셀의 딸의 이름은 세라라 [47] 이는 아셀
자손의 종족들이니 계수된 자가 오만 삼천사백 명이었더라 [48] 납달리 자손은 그들의
종족대로 이러하니 야셀에게서 난 야셀 종족과 구니에게서 난 구니 종족과 [49] 예셀에
게서 난 예셀 종족과 실렘에게서 난 실렘 종족이라 [50] 이는 그들의 종족을 따른 납달
리 종족들이니 계수된 자가 사만 오천사백 명이었더라 [51] 이스라엘 자손의 계수된 자
가 육십만 천칠백삼십 명이었더라

23–24장: 발람의 예언

25장: 마지막 반역 – 바알브올

말씀 돋보기(관찰)

1 인구조사의 지시를 받은 사람은 누구이며, 인구조사는 어떤 기준으로 진행되었는가?(민 26:1–4)

모세와 엘르아살 제사장

20세 이상의 남자로 각 지파와 집안별로 조사

Tip 하나님은 모세와 조카이자 아론의 아들인 엘르아살 제사장에게 인구조사를 지시했다. 인구조사는 처음 인구조사(민 1장)와 같이 전쟁에 나갈 수 있는 20세 이상 남자를 각 지파와 집안별로 조사해야 한다(2절). 처음 조사는 시내 산 밑에서 이루어졌는데, 이 조사는 모압 평지에서 실시하고 있다(3절).

2 인구수의 규모가 가장 작은 지파와 큰 지파는 각각 어느 지파인가?(민 26:14, 22)

가장 작은 규모 – 시므온

가장 큰 규모 – 유다

Tip 유다 지파는 처음과 이번 조사 모두에서 1위를 고수하고 있고, 지난 40년간 약 2,000명이 증가했다. 인구수가 가장 많이 줄어든 지파는 시므온 지파로, 거의 3분의 2에 달하는 3만 7,000명 이상이 줄어 가장 작은 지파로 전락했다. 훗날 시므온 지파는 유다 지파에 흡수된다(cf. 삿 1:3; 수 19:1).

3 인구조사 결과의 특징 중 하나는 모두 100단위로 정리하는데, 인구수를 10단위까지 언급하는 지파는 어느 지파인가?(민 26:7)

르우벤 지파

Tip 각 지파별 인구수는 10단위까지 언급하는 르우벤을 제외하고는 100단위로 정리하고 있다.

히브리어로 1,000을 뜻하는 단어는 때로 구체적인 숫자라기보다는 단순히 '수많은'이라는 의미로, 다양한 규모의 군대를 뜻하거나 '군대/부대'로 쓰이기도 한다. 그러나 이렇게 해석하는데 가장 큰 걸림돌은 바로 10단위와 100단위까지 언급하는 지파가 있다는 사실이다. 그러므로 민수기에 기록하고 있는 이스라엘의 군인 수와 각 지파별 인구수가 지나치게 많다는 것은 인정하지만, 이 같은 상황을 납득할 수 있게 설명하는 학설이나 제안은 아직까지 없다. 그러므로 민수기의 숫자가 비록 과장된 것으로 보이지만 문자적으로 받아들이는 것이 좋을 듯하다.

4 이 계보에는 여자들의 이름을 포함하는데 누구이며, 그 이유는 무엇인가?(민 26:33)

말라, 노아, 호글라, 밀가, 디르사

이유: 아들이 없는 경우 딸들이 아버지의 유산을 물려받을 수 있다.

Tip 이 계보는 므낫세 지파에 속한 집안을 나열하면서 헤벨의 아들 슬로브핫이 아들이 없고, 오직 딸만 있다며 말라, 노아, 호글라, 밀가, 디르사 등 다섯 딸의 이름을 나열한다(33절). 슬로브핫의 딸들의 이름이 계보에 포함된 것은 다음 장(27장)에서 아버지에게 돌아가야 할 몫의 땅을 요구하게 되는 일을 암시한다.

5 전체 숫자를 첫 번째 인구조사(2:32)와 비교해 볼 때 어떤 차이가 있으며, 그것은 무엇을 의미하는가?(민 26:51)

차이: 이스라엘의 인구수는 거의 0.3퍼센트(1,820명) 감소로 거의 변화가 없다.

의미: 하나님이 이스라엘 반역에도 불구하고 지난 38년간 축복하고 보호하셨음을 입증한다.

Tip 첫번째 인구조사(2:32) 이후 38년 만에 진행된 두 번째 조사는 이스라엘의 인구수가 거의 0.3퍼센트(1,820명) 줄었음을 보여준다. 이것은 하나님이 가데스에서의 이스라엘 반역에도 불구하고 지난 38년간 축복하고 보호하셨음을 입증한다.

지파	출애굽 2년	출애굽 40년	숫자 변화	% 변화
르우벤	46,500	43,730	−2,770	−6%
시므온	59,300	22,200	−37,100	−63%
갓	45,650	40,500	−5,150	−11%
유다	74,600	76,500	+1,900	+3%
잇사갈	54,400	64,300	+9,900	+18%
스불론	57,400	60,500	+3,100	+5%
에브라임	40,500	32,500	−8,000	−20%
므낫세	32,200	52,700	+20,500	+64%
베냐민	35,400	45,600	+10,200	+29%
단	62,700	64,400	+1,700	+3%
아셀	41,500	53,600	+11,900	+29%
납달리	53,400	45,400	−8,000	−15%
총계	603,550	601,730	−1,820	−0.3%

V. 적용과 나눔

삶의 내비게이션(적용)

1 인구조사는 하나님의 계획이 인간의 죄로 인해 보류될 수는 있지만, 취소되지 않는다는 것을 보여준다. 당신이 기대한 것보다 오래 걸려 이루어진 경험은 무엇이 있는가?

관찰문제 5번 참고. 이스라엘 백성이 가나안 땅으로 들어가는 하나님의 계획은 백성의 불순종으로 40년 동안 보류되었지만 취소된 것은 아니었다. 각자 상황에서 하나님의 계획이라고 생각했는데 기대보다 오래 걸려서 이루어진 일에 대해 이야기를 나누어 보자. 그 일이 이루어지는데 시간이 오래 걸린 이유는 무엇이라고 생각하는지도 서로 말해 보도록 한다. 개인의 죄 때문일 수도 있지만 늦어진다고 다 죄 때문은 아니다. 하나님의 때가 아니기에, 혹은 하나님의 계획과 무관하기 때문일 수도 있다. 하나님의 계획은 성경적, 신앙적으로 문제가 없는 하나님이 기뻐하시는 일이다. 그러므로 이미 이루어진 일이지만 그렇게 오랜 시간이 걸린 이유를 돌아보는 시간을 갖고 하나님이 기뻐하시는 계획을 갖도록 한다.

2 38년 만에 다시 진행된 인구조사는 출애굽 1세대가 죄로 인해 다 죽었음에도 불구하고 큰 차이가 없다. 이것은 지난 38년 동안 하나님이 축복하고 보호하셨음을 의미한다. 지난 10년 동안 당신이 받은 하나님의 축복과 보호라고 생각되는 것은 무엇이 있는가?

관찰문제 5번 참고. 각자 지난 10년 동안의 하나님의 축복과 보호에 대해 이야기를 나누어 보도록 한다. 인도자는 10년 동안을 돌아볼 수 있는 시간을 주고 난 후에 이야기를 나누도록 한다(예를 들면 10가지를 적어보게 한다). 이 시간은 하나님의 축복과 보호에 대한 감사의 시간이다. 모든 구성원이 참여하도록 인도자는 돕는다. 축복과 보호에 대해 감사의 찬양을 하거나 온전한 감사의 기도를 다 함께 혹은 한 사람이 한마디씩 돌아가면서 하는 것도 좋다.

3 아론의 뒤를 이어 엘르아살이 대제사장이 되었다. 이것은 하나님이 아론과 그의 자손들에게 약속한 것을 그대로 이루시고 계심을 의미한다. 약속한 것은 반드시 지키시는 하나님이시다. 당신에게는 하나님이 반드시 약속을 지켜주시기를 원하는 것은 무엇이 있는가?

관찰문제 1번 참고. 아론의 뒤를 이어 엘르아살이 대제사장이 되고, 38년이 지나도, 출애굽 1세대가 광야에서 거의 다 죽어도 인구수에는 큰 변동이 없다. 하나님은 이스라엘과 하신 약속을 지키시는 하나님이시다. 비록 계속되는 불순종으로 출애굽 1세대가 죽어야 했지만 1세대에서 이루지 못한 것을 2세대에 걸쳐서 이루고 계신다. 각자 하나님이 이것만은 꼭 지켜주시기를 원하는 약속을 나누어 보도록 한다.

예) 대학 진학 문제, 취식 문제, 결혼 문세, 출산 문세, 가족간 관계 개신 문제 등
각자 하나님의 약속을 얼마큼 신실하게 믿고 있는지도 말해 보도록 한다.

Ⅵ. 마무리

기도로 마무리한다.
제11주 관찰문제를 예습해 오도록 한다.
실천과제를 제시한다.

생활의 아로마(실천)

예 1) 일주일 동안 받은 복을 1~10까지 적어 보도록 한다.

제11주 서원 – 또 하나의 약속!

민수기 30:1–16

학습목표

1. 서원은 반드시 지켜야 한다는 것을 알 수 있다.
2. 잘못된 서원은 되돌릴 수 있다는 것을 알 수 있다.

KEYWORD **서원, 이행, 번복**

Ⅰ. 찬양과 기도

Ⅱ. 지난주 실천 과제 나눔

Ⅲ. 복습문제 풀이

복습

1 전체 숫자를 첫 번째 인구조사(2:32)와 비교해 볼 때 어떤 차이가 있으며, 그것은 무엇을 의미하는가?

차이: 이스라엘의 인구수는 거의 0.3퍼센트(1,820명) 감소로 거의 변화가 없다.

의미: 하나님이 이스라엘 반역에도 불구하고 지난 38년간 축복하고 보호하셨음을 입증한다.

Ⅳ. 말씀 민수기 30:1-16을 다 함께 읽는다

30:1 모세가 이스라엘 자손 지파의 수령들에게 말하여 이르되 여호와의 명령이 이러하
니라 2 사람이 여호와께 서원하였거나 결심하고 서약하였으면 깨뜨리지 말고 그가 입
으로 말한 대로 다 이행할 것이니라 3 또 여자가 만일 어려서 그 아버지 집에 있을 때
에 여호와께 서원한 일이나 스스로 결심하려고 한 일이 있다고 하자 4 그의 아버지가
그의 서원이나 그가 결심한 서약을 듣고도 그에게 아무 말이 없으면 그의 모든 서원을
행할 것이요 그가 결심한 서약을 지킬 것이니라 5 그러나 그의 아버지가 그것을 듣는
날에 허락하지 아니하면 그의 서원과 결심한 서약을 이루지 못할 것이니 그의 아버지
가 허락하지 아니하였은즉 여호와께서 사하시리라 6 또 혹시 남편을 맞을 때에 서원
이나 결심한 서약을 경솔하게 그의 입술로 말하였으면 7 그의 남편이 그것을 듣고 그
듣는 날에 그에게 아무 말이 없으면 그 서원을 이행할 것이요 그가 결심한 서약을 지
킬 것이니라 8 그러나 그의 남편이 그것을 듣는 날에 허락하지 아니하면 그 서원과 결
심하려고 경솔하게 입술로 말한 서약은 무효가 될 것이니 여호와께서 그 여자를 사하
시리라 9 과부나 이혼 당한 여자의 서원이나 그가 결심한 모든 서약은 지킬 것이니라
10 부녀가 혹시 그의 남편의 집에서 서원을 하였다든지 결심하고 서약을 하였다 하자
11 그의 남편이 그것을 듣고도 아무 말이 없고 금하지 않으면 그 서원은 다 이행할 것
이요 그가 결심한 서약은 다 지킬 것이니라 12 그러나 그의 남편이 그것을 듣는 날에
무효하게 하면 그 서원과 결심한 일에 대하여 입술로 말한 것을 아무것도 이루지 못
하나니 그의 남편이 그것을 무효하게 하였은즉 여호와께서 그 부녀를 사하시느니라 13
모든 서원과 마음을 자제하기로 한 모든 서약은 그의 남편이 그것을 지키게도 할 수
있고 무효하게도 할 수 있으니 14 그의 남편이 여러 날이 지나도록 말이 없으면 아내
의 서원과 스스로 결심한 일을 지키게 하는 것이니 이는 그가 그것을 들을 때에 그의
아내에게 아무 말도 아니하였으므로 지키게 됨이니라 15 그러나 그의 남편이 들은 지
얼마 후에 그것을 무효하게 하면 그가 아내의 죄를 담당할 것이니라 16 이는 여호와께
서 모세에게 명령하신 규례니 남편이 아내에게, 아버지가 자기 집에 있는 어린 딸에
대한 것이니라

27장: 모세 이후의 새로운 지도자 필요

28-29장: 자손 대대로 지켜야 할 절기

V. 관찰 문제의 바른 답

말씀 돋보기(관찰)

1 어떤 경우에 서원을 물릴 수 없는가?(민 30:2, 9)

남자가 서원한 경우, 과부나 이혼한 여자가 서원한 경우 – 가장이 서원한 경우는 물릴 수 없다.

Tip

* 서원의 정의 – 조건적인 것, '만일 하나님이 이렇게 해 주시면, 제가 이렇게 하겠습니다'라는 형태이며 대체로 위기에 처했을 때 하는 것
* 맹세의 정의 – 선언, 법정이나 사람들 앞에 어떤 조건도 달지 않고 무엇을 하겠다고 선언하는 것이나 자신의 결백을 주장하며 선언하는 일

남자가 하나님께 한 서원 혹은 맹세는 무를 수 없다(2절).

남자가 서원한 것은 꼭 지켜야 한다는 원리에 몇 가지 추가 설명이 필요하다.

첫째, 만일 서원이 율법을 어기는 행위라면 저절로 무효가 된다. 서원하는 것보다 더 중요한 것은 율법대로 사는 것이다. 그러므로 서원을 통해 율법을 어기는 일은 결코 용납될 수 없다.

둘째, 남자라도 미성년자는 이 원리가 적용된다고 볼 수 없다. 이스라엘 남자가 20세가 되어야 성년(군인으로 동원될 수 있는 나이)으로 여겨진 점을 감안할 때, 아이들에게는 이 원칙이 적용되지 않았다.

과부나 이혼한 여자의 서원은 남자의 서원처럼 조건 없이 유효하다. 혼자 사는 여자의 독립성을 인정하는 규례이다. 과부나 이혼한 여자가 서원에 있어서는 다시 부모의 권한 아래 속하지 않으니 자신의 일을 스스로 결정하고 책임져야 한다는 것이다.

2 부모와 함께 사는 소녀의 서원은 누구에 의해 결정되는가?(민 30:4–5)

아버지

Tip

아직 결혼할 나이가 되지 않아 부모와 살고 있는 여자가 하나님께 어떤

것을 서원했거나 맹세했고, 그 내용을 아버지에게 말했는데, 아버지가 듣고도 아무런 문제를 삼지 않았다면 그 서원이나 맹세는 남자의 것처럼 지켜야 한다(4절). 그러나 만일 아버지가 듣고서 그날로 말렸다면, 그 서원이나 맹세는 성립되지 않는다(5절). 여자의 보호자인 아버지의 권한이 딸의 결정을 무마시킬 수 있는데, 이런 경우 하나님은 여자아이에게 책임을 묻지 않으신다.

3 서원한 일이 있는 여자가 결혼할 경우 서원한 것은 어떻게 되는가?(민 30:7-8)

결혼한 남편이 문제 삼지 않는다면 지켜야 한다.

Tip 서원한 것을 아직 지키지 못한 여자가 결혼한 경우 남편 된 사람이 결혼 전에 여자가 서원한 것을 듣고 문제 삼지 않는다면 그 서원은 그대로 살아있다. 그러나 만일 남편이 아내의 서원을 듣고 말렸다면, 그 서원은 무효가 된다(8절). 결혼 전에 여자의 아버지가 가졌던 권한이 결혼 후에는 남편에게 넘어가는 것이다.

4 결혼한 여자가 서원했을 때, 무효화하는 방법은 무엇인가?(민 30:12)

결혼한 여자의 서원을 듣는 날로 남편이 서원을 파기하면 무효화된다.

Tip 만일 결혼한 여자가 서원했을 때 남편이 듣고도 아무런 문제를 제기하지 않으면, 그 서원은 유효하다. 그러나 남편이 듣는 날로 아내가 한 서원을 파기하면 유효하지 않다. 아내의 서원을 듣고 하루 이상이 지나서 문제를 제기하면 소용이 없다. 듣는 날로 파기해야 한다. 이 경우 하나님이 여자에게 책임을 묻지 않으신다. 예를 들면 한나의 서원(삼상 1장)이 있다.

5 민수기 30장에 나오는 서원의 특징은 무엇인가?(민 30:2, 16)

서원한 것은 반드시 지켜야 한다.

Tip 서원을 주제로 삼고 있는 민수기 30장은 주의 백성이 입을 쉽게 열어 하나님께 어떤 것을 서원하거나 맹세해서는 안 된다는 점을 강조한다. 일단 선언이나 서원했다면, 특별한 경우가 아니라면 꼭 지켜야 한다. 또한 우리의 서원이 남에게 어떤 영향을 미칠 것인가도 심각하게 고려해야 한다. 서원을 지키기 위해 본인의 동의 없이 남을 희생시키는 것도 무책임한 일이다. 예를 들면 입다의 경우(삿 11장)가 그렇다.

〈민수기 30장에 나오는 서원〉

남자의 물릴 수 없는 서원(2절)	과부와 이혼한 여자의 물릴 수 없는 서원(9절)
아버지가 물릴 수 있는 딸의 서원(3–5절)	남편이 물릴 수 있는 아내의 서원(10–12절)
약혼자가 물릴 수 있는 여자의 서원(6–8절)	아내의 서원은 벌금을 물고 물릴 수 있음(13–15절)

V. 적용과 나눔

삶의 내비게이션(적용)

1 서원은 잘못된 경우가 아니면 반드시 지켜야 한다. 당신이 이행한 서원 또는 이루지 못한 서원에는 무엇이 있는가?

관찰문제 5번 참고. 성경에서 잘못된 서원은 입다의 서원(삿 11장)을 들 수 있다. 그는 율법이 금하고 있는 인간번제를 서원하고, 하나밖에 없는 딸을 번제로 드리는 어리석음을 범했다. 율법에 어긋나는 또는 하나님의 의지와 상관없는 서원은 분명히 잘못된 서원이다. 만약 선교사(사역자)로 서원했는데 당신이 선교사(사역자)가 되어 있다면, 서원을 이행한 것이다. 그러나 선교사(사역자)로 서원했음에도 당신이 한국에서 전혀 다른 분야에서 두각을 나타내고 있다면, 당신이 충동적인 서원으로 하나님의 의지와는 전혀 무관하게 했을 수 있다. 이럴 경우 서원한 것으로 인해 늘 불안한 마음으로 사는 것보다는 회개하고 정리하는 편이 바람직하다. 각자가 이행한 서원이 있다면 이야기를 나누어 보도록 한다. 선교사와 같은 신앙적인 서원일 수도 있고, 물질적인 것 또는 기도하면서 하나님께 이렇게 하겠다고 자신의 실천을 서원한 경우일 수 있다. 반면에 서원했는데 실천하지 못하는 것은 무엇이 있는지 이야기를 나누어 보고, 그 서원을 실천하지 못하는 이유에 대해 생각해 보는 시간을 갖는다. 그 서원이 성경적인가 살펴보고, 성경적인 서원이라면 지키도록 돕고, 성경적인 서원이 아니라면 하나님께 회개하고 서원한 것에 대해 정리하는 것이 바람직하다.

2 서원은 하나님과의 약속이다. 인간관계에서도 약속은 곧 신뢰를 의미한다. 어떤 경우에 당신은 너무 쉽게 약속을 남발하는가?

관찰문제 5번 참고. 하나님의 백성은 쉽게(경솔하게) 입을 열어 하나님께 어떤 것을 서원하거나 맹세해서는 안 된다. 서원한 것은 반드시 지켜야 하기 때문이다. 하나님의 백성은 약속을 잘 지키시는 하나님처럼 반드시 약속을 지켜야 한다. 서로의 관계를 지속하려면 약속(신뢰)을 지켜야 하기 때문이다. 인간관계에서도 약속을 잘 지키는 것은 사회생활의 필수이다. 하나님과의 약속은 물론 가족, 친구, 동료, 이성간의 약속 모두 지키기 위해 하는 것이다. 그러나 요즈음은 약속은 하지만 지키지 않는 경우가 많다. 하나님과 약속도 아무렇지 않게 지키지 않을 뿐만 아니라, 가족간의 약속도 지키지 않는다. 특히 자녀에게 한 약속을 쉽게 하고 잊는 경우가 많다. 친구와의 약속도 꼭 지키지 않는 친구가 있는데, 이런 계속적인 약속 번복은 그 친구와의 관계를 깨지게 하는 변수로 작용한다. 각자 약속을 잘 지키고 있는지, 아니면 잘 지키지 못하고 있는지 이야기를 나누어 보도록 한다. 만약 지키지 않는다면 그 이유는 무엇이고, 지키기 위해 어떤 노력을 하는지 말해 보도록 한다.

3 당신이 하고 싶은 성경적인 서원은 무엇이 있는가?

서원은 조건적인 것이다. '만일 하나님이 이렇게 해주시면, 제가 이렇게 하겠습니다'라는 형태로 이루어지며 대체로 위기에 처했을 때 하는 경우가 많다. 대표적인 인물이 한나(삼상 1장)이다. 아기를 갖지 못하는 한나는 '만일 하나님이 아들을 주신다면, 그 아들을 여호와께 드리겠습니다'(삼상 1:11)라고 서원했으며, 그대로 실천했다. 각자 하고 싶은 성경적인 서원은 무엇이 있는지 나누어 보도록 한다. 그것이 소유물에 관한 것일 수도 있고, 신앙적인 것일 수도 있다. 그러나 타인을 두고 하는 서원은 조심해야 한다. 예를 들면 입다(삿 11장)처럼 딸을

잃을 수도 있으니 자녀를 놓고 하는 서원이나, 결혼을 위한 서원은 조심해야 한다. 그것이 과연 성경적인가 생각하도록 돕는다.

Ⅵ. 마무리

기도로 마무리한다.
제12주 관찰문제를 예습해 오도록 한다.
실천과제를 제시한다.

생활의 아로마(실천)

예 1) 서원(약속)한 것은 반드시 지키도록 한다.
2) 말을 할 때 조금 더 신중하게(경솔하지 않게) 언어를 사용하도록 한다.

제12주 도피성 – 또 하나의 책임

민수기 35:9–34

학습목표

1. 피난처 되시는 예수님으로 감사할 수 있다.
2. 모든 일에는 책임이 뒤따른다는 것을 알 수 있다.

KEYWORD **피난처, 과실, 책임**

Ⅰ. 찬양과 기도

Ⅱ. 지난주 실천 과제 나눔

Ⅲ. 복습문제 풀이

복습

1 민수기 30장에 나오는 서원의 특징은 무엇인가?(민 30:2, 16)
서원한 것은 반드시 지켜야 한다.

Ⅳ. 말씀 민수기 35:9–34을 다 함께 읽는다

35:9 여호와께서 또 모세에게 말씀하여 이르시되 10 이스라엘 자손에게 말하여 그들

에게 이르라 너희가 요단 강을 건너 가나안 땅에 들어가거든 11 너희를 위하여 성읍
을 도피성으로 정하여 부지중에 살인한 자가 그리로 피하게 하라 12 이는 너희가 복수
할 자에게서 도피하는 성을 삼아 살인자가 회중 앞에 서서 판결을 받기까지 죽지 않게
하기 위함이니라 13 너희가 줄 성읍 중에 여섯을 도피성이 되게 하되 14 세 성읍은 요
단 이쪽에 두고 세 성읍은 가나안 땅에 두어 도피성이 되게 하라 15 이 여섯 성읍은 이
스라엘 자손과 타국인과 이스라엘 중에 거류하는 자의 도피성이 되리니 부지중에 살
인한 모든 자가 그리로 도피할 수 있으리라 16 만일 철 연장으로 사람을 쳐죽이면 그
는 살인자니 그 살인자를 반드시 죽일 것이요 17 만일 사람을 죽일 만한 돌을 손에 들
고 사람을 쳐죽이면 이는 살인한 자니 그 살인자는 반드시 죽일 것이요 18 만일 사람
을 죽일 만한 나무 연장을 손에 들고 사람을 쳐죽이면 그는 살인한 자니 그 살인자는
반드시 죽일 것이니라 19 피를 보복하는 자는 그 살인한 자를 자신이 죽일 것이니 그
를 만나면 죽일 것이요 20 만일 미워하는 까닭에 밀쳐 죽이거나 기회를 엿보아 무엇을
던져 죽이거나 21 악의를 가지고 손으로 쳐죽이면 그 친 자는 반드시 죽일 것이니 이
는 살인하였음이라 피를 보복하는 자는 살인자를 만나면 죽일 것이니라 22 악의가 없
이 우연히 사람을 밀치거나 기회를 엿봄이 없이 무엇을 던지거나 23 보지 못하고 사람
을 죽일 만한 돌을 던져서 죽였을 때에 이는 악의도 없고 해하려 한 것도 아닌즉 24 회
중이 친 자와 피를 보복하는 자 간에 이 규례대로 판결하여 25 피를 보복하는 자의 손
에서 살인자를 건져내어 그가 피하였던 도피성으로 돌려보낼 것이요 그는 거룩한 기
름 부음을 받은 대제사장이 죽기까지 거기 거주할 것이니라 26 그러나 살인자가 어느
때든지 그 피하였던 도피성 지경 밖에 나가면 27 피를 보복하는 자가 도피성 지경 밖
에서 그 살인자를 만나 죽일지라도 피 흘린 죄가 없나니 28 이는 살인자가 대제사장이
죽기까지 그 도피성에 머물러야 할 것임이라 대제사장이 죽은 후에는 그 살인자가 자
기 소유의 땅으로 돌아갈 수 있느니라 29 이는 너희의 대대로 거주하는 곳에서 판결하
는 규례라 30 사람을 죽인 모든 자 곧 살인한 자는 증인들의 말을 따라서 죽일 것이나
한 증인의 증거만 따라서 죽이지 말 것이요 31 고의로 살인죄를 범한 살인자는 생명의
속전을 받지 말고 반드시 죽일 것이며 32 또 도피성에 피한 자는 대제사장이 죽기 전
에는 속전을 받고 그의 땅으로 돌아가 거주하게 하지 말 것이니라 33 너희는 너희가
거주하는 땅을 더럽히지 말라 피는 땅을 더럽히나니 피 흘림을 받은 땅은 그 피를 흘
리게 한 자의 피가 아니면 속함을 받을 수 없느니라 34 너희는 너희가 거주하는 땅 곧
내가 거주하는 땅을 더럽히지 말라 나 여호와는 이스라엘 자손 중에 있음이니라

31장: 가나안 정복의 전초전인 미디안과의 전쟁

32장: 요단 강 동편의 땅을 일부 지파에게 분배

33장: 가나안 입성 전 되돌아본 40년 여정

34장: 약속의 땅을 정의하는 경계선의 확인

V. 관찰 문제의 바른 답

말씀 돋보기(관찰)

1 도피성의 목적 두 가지는 무엇인가?(민 35:11-12, 33-34)

a) 피난처 제공

b) 땅이 억울한 자의 피로 오염되는 것을 막기 위해서

Tip 도피성 제도는 하나님이 요구하셨을 뿐만 아니라 이스라엘 사람이 자신에게 주는 선물이기도 하다. 도피성은 공동체에 속한 사람이 본의 아니게 실수로, 혹은 사고로 사람을 죽였을 때 피난처를 제공한다. 한 가지 중요한 것은 실수나 사고로 사람을 죽이는 경우, 가해자가 도피성 제도의 보호를 받아 죽음은 면하지만 결코 결백하다는 것을 뜻하지는 않는다. 실수로 사람을 죽이는 경우에도 분명 속죄가 필요하다. 또 다른 목적은 땅이 억울한 자가 흘린 피로 더러워지는 것을 막는 것이다(33-34절). 성경은 우상숭배, 근친상간 등도 땅을 더럽힌다고 한다(겔 36:17-18).

2 도피성은 누구를 위한 것인가?(민 35:15)

이스라엘 백성, 이방인, 이스라엘 중에 거류하는 자

Tip 도피성 제도는 이스라엘 백성뿐만 아니라, 그들 중에 사는 이방인에게도 동일하게 적용된다(15절). 이스라엘 중에 거류하는 자 중에 실수로 사람을 죽게 한 자는 모두 이곳에서 죽은 사람의 친족들의 복수로부터 보호받을 수 있다.

3 도피성의 혜택을 받을 수 없는 사람의 공통점은 무엇인가?(민 35:16-21)

의도성을 가지고 악의로 행한 살인

Tip 의도적 살인을 한 사람의 경우 결코 도피성의 혜택을 받을 수 없다(16-21절). 도구(철 연장, 돌, 나무 연장)를 사용하거나, 미워서 밀거나, 무엇을 던지거나, 악의를 가지고 살인을 저지른 자는 모두 도피성의 혜택을 받을 수 없다.

4 실수나 사고로 사람을 죽인 사람은 도피성에 언제까지 머물 수 있는가?(민 35:25)

사건 당시 대제사장이 죽을 때까지

Tip 재판을 통해 살인자가 도피성에 머물러야 하는 타당한 이유가 인정된다면, 도피성에서 살 수 있다. 그리고 도피성에서 사건 당시의 대제사장이 죽은 다음에 고향으로 돌아가 다시 가족과 함께 살 수 있다(28절). 도망자가 대제사장이 죽을 때까지 도피성에 머물러야 하는 이유에는 몇 가지 해석이 있다. 대제사장의 죽음이 새시대의 시작을 상징하는 것이므로 이때를 기념하는 사면이 이루어졌기 때문이라고 한다. 다른 해석은 대제사장이 희생 제도를 대표하는 인물이기에 그의 죽음이 살인자의 죄를 대속하는 것으로 간주한다는 것이다. 이러한 차원에서 대제사장의 죽음은 예수 그리스도의 죽음의 모형이다.

5 도피성 제도를 통해 드러나는 원리는 무엇인가?(민 35:21-31)

a) 21절: 의도성을 가지고 사람을 죽인 자는 죽은 사람의 친족에 의해 처형당한다.

b) 24절: 살인과 과실치사에 대한 판결은 사회(공동체)가 내리는 것이지 가해자나 피해자의 가족이 결정하는 것이 아니다.

c) 30절: 살인자는 증인이 2인 이상이어야 한다.

d) 31절: 살인자는 결코 속전으로 죽은 자의 생명을 사거나 대신할 수 없다.

Tip 도피성 규례를 살펴보면 다음과 같은 원리가 드러난다.

1) 의도성을 가지고 사람을 죽인 자는 죽은 사람의 친족에 의해 처형당한다.
2) 살인과 과실치사에 대한 판결은 사회(공동체)가 내리는 것이지 가해자나 피해자의 가족이 결정하는 것이 아니다.
3) 살인자는 증인이 2인 이상이어야 한다.
4) 살인자는 결코 속전으로 죽은 자의 생명을 사거나 대신할 수 없다.

V. 적용과 나눔

삶의 내비게이션(적용)

1 실수로 혹은 본의 아닌 사고로 사람을 죽인 경우, 살인자는 도피성으로 피하여 사건 당시 대제사장이 죽을 때까지 그곳에서 살 수 있다. 당신은 잘못을 저지른 후에 감당하기 어려워 도피한 경험이 있는가?

관찰문제 1번 참고. 과실치사로 살인자가 된 도망자는 도피성으로 몸을 피할 수가 있었다. 이것은 실수로 인한 잘못으로부터 피의 보복을 막기 위한 것이었다. 우리도 생활 속에서 의도하지 않은 잘못이나 말실수로 다른 사람을 곤란에 빠뜨리거나 어려운 상황에 빠뜨릴 수 있다. 교회 안에서, 가정과 직장에서도 일어날 수 있는 일이다. 각자가 경험한 의도하지 않은 실수로 사고가 커져서 도망치고 만 경험을 나누어 보도록 한다. 어렸을 때 부모님이 소중히 여기는 것을 갖고 놀다가 잃어버리거나, 비싼 물건을 망가뜨리고 다락방에 숨은 경험일 수도 있다. 부부간에 작은 말실수로 서로를 피해 집을 비우는 경우일 수 있다. 회사에서 실수하고 시간이 해결해 줄 것으로 믿으며 자리를 비울 수도 있다. 서로의 과거를 이야기하는 시간을 갖도록 한다. 그러나 인도자는 일부 사람에게 너무 치중해 몇몇 사람의 긴 이야기로 끝나지 않도록 인도한다.

2 살인과 과실치사의 차이는 의도성에 있다. 당신이 의도적으로 타인에게 접근하거나 무언가 의도적으로 계획하고 있는 것은 무엇이 있

는가? 반대로 의도적인 접근을 당한 일은 없는가?

관찰문제 3번 참고. 의도적인 살인자가 도피성으로 피하였다 할지라도 재판을 통해 도피성에 살 수 없었다. 도피성 장로들이 가해자의 설명을 듣고 도피성에 머무는 것에 대해 설득되지 않을 경우, 도주하기 전에 그 사람이 있던 곳으로 돌려보내 흘린 피에 대해 응징을 받도록 했다(수 20:6). 도피성에 머물 수 있는 자격이 주어지는 것은 의도성이 없는 경우이다. 의도적인 살인자는 결코 도피성의 혜택을 누릴 수 없다. 요즘도 의도적으로 차에 뛰어들어 차사고를 위장해 보험금을 노리는 경우 법의 심판을 받는다. 그러나 실수로 인한 차 사고는 쉽게 보험으로 처리할 수 있다. 각자가 누군가에 의해 의도적으로 접근을 당한 일이 있는가를 나누어 보도록 한다. 남편의 의도적인 접근으로 결혼에 이를 수도 있다. 돈을 노리고 의도적으로 접근하는 사기꾼도 있다. 반면 의도적으로 타인에게 접근하거나 계획하는 것이 있을 수 있다. 의도가 선한 것인가 혹은 어떤 계획인가 서로 이야기를 나누어 보고 피드백을 나누도록 한다.

3 피난처가 있어서 감사하고, 도망갈 일이 없어서 감사해야 한다. 그럼에도 불구하고 당신의 피난처는 어디인가?

과실치사로 사람을 죽인 사람은 도피성으로 피해 살 수 있다. 오늘 우리는 구약시대와 같은 유형적인 도피성은 없다. 그러나 죄를 짓는 사람은 여전하다. 죄가 많든 적든, 의도적이든 의도적이지 않든 관계없이 죄는 죄이다. 각자가 가지고 있는 피난처에 대해 이야기를 나누어 보도록 한다. 어떤 장소에만 가면 마음의 안정감을 느낀다. 누군가를 만나면 모든 피로가 해소된다. 무언가를 먹으면 스트레스가 사라진다. 다양한 피난처를 이야기할 수 있을 것이다. 그리고 왜 그것이 피난처가 되었는지도 말해 보도록 한다. 그리고 우리의 진정한 피난처 되시는 예수님으로 말미암아 감사하는 시간을 갖도록 한다. 다 함께 감사 찬양을 부르는 것도 좋다.

VI. 마무리

기도로 마무리한다.

다음 과정 성경공부에 초대한다.
실천과제를 제시한다.

생활의 아로마(실천)

예 1) 본의 아니게(의도적, 무의식적) 타인에게 상처를 준 일이 있는지 돌아보고, 말과 행동을 수정하도록 한다.

비밀 유지 서약서

나는 이 그룹에서 나눈 것들을 다른 곳에 누설하지 않기로 약속합니다. 또한 다른 그룹원들이 숨기고자 하는 내용을 나누도록 압력을 가하지 않기를 약속합니다. 하나님과 그룹원들에게 나의 약속을 성실히 이행할 것을 서약합니다.

서명______________________________

날짜______________________________

민수기 말씀 공부를 통한 삶의 변화 일지

주	나의 말씀 적용(생활의 아로마)	실천과정과 결과
1주		
2주		
3주		
4주		
5주		
6주		

주	나의 말씀 적용(생활의 아로마)	실천과정과 결과
7주		
8주		
9주		
10주		
11주		
12주		

민수기 엑스포지멘터리 성경공부 출석

	1	2	3	4	5
이름 / 주					
OT (월 일)					
1주 (월 일)					
2주 (월 일)					
3주 (월 일)					
4주 (월 일)					
5주 (월 일)					
6주 (월 일)					
7주 (월 일)					
8주 (월 일)					
9주 (월 일)					
10주 (월 일)					
11주 (월 일)					
12주 (월 일)					
합계					
연락처					
메모 (가족/기도)					

6	7	8	9	10	11	12

송병현 〈엑스포지멘터리 시리즈〉의 저자. 캐나다 온타리오 바이블칼리지(B. Th.)와 미국 시카고 트리니티 복음주의신학교를 졸업하고(M. Div.) 동대학원에서 박사학위(Ph. D.)를 받았다. 1997년부터 백석대학교 구약학 교수로 봉직 중이며 2009년부터는 선교지의 지도자 교육을 위해 강사진을 파송하는 STAR 선교회를 이끌고 있다. 목회자와 신학생뿐 아니라 하나님의 말씀에 진지하게 귀기울이기 원하는 이 땅의 그리스도인들을 섬기기 위해 활발한 성경강해와 해석 사역을 펼치고 있다.

송(임)우민 캐나다 온타리오 바이블칼리지(B. Th.)와 미국 시카고 트리니티 복음주의신학교를 졸업(M. Div.), LA에 있는 탈봇신학교에서 기독교교육학으로 박사학위(Ph. D.)를 받았다. 20여 년간 북미와 한국에서 영어 주일학교 전도사로 교회학교 현장에서 사역하였으며, CMIS 캐나다국제학교 이사, Korea Montessori College 교수, 몬테쏘리 교사 및 컨설턴트 등 다양한 교육학적 경력을 통해 학부모 세미나, 부부 세미나, 교사 세미나와 주요 강사로서 가정과 주일학교를 말씀으로 세우기를 갈망하는 부모와 교사들을 섬기고 있다. 현재 백석예술대학교 사회복지학부 전임교수로 봉직 중이며, 남편 송병현 교수와 함께 STAR 선교회 이사로 섬기고 있다.

엑스포지멘터리 성경공부 시리즈 민수기 – 인도자용

초판 1쇄 발행 2015년 2월 1일
개정판 1쇄 발행 2016년 6월 1일

지은이 송병현, 임우민
구성 신윤영

펴낸곳 도서출판 이엠
등록번호 제25100-2015-000063
주소 서울시 구로구 공원로 3번지
전화 070-8832-4671
E-mail empublisher@gmail.com

내용 및 세미나 문의 스타선교회: 02-520-0877 / EMail: starofkorea@gmail.com / www.star123.kr

ISBN 979-11-86880-24-1 93230

「이 도서의 국립중앙도서관 출판시도서목록(CIP)은 서지정보유통지원시스템 홈페이지(http://seoji.nl.go.kr)와 국가자료공동목록시스템(http://www.nl.go.kr/kolisnet)에서 이용하실 수 있습니다. (CIP제어번호:CIP2015000753)」